命理生活新智慧・叢書 130

《世界名人命理奇事》

法雲居士 著

金星出版社：http://www.venusco555.com
E-mail: venusco555@163.com
法雲居士網址：http://www.fayin777.com
E-mail:fatevenus@yahoo.com.tw

金星出版

國家圖書館出版品預行編目資料

世界名人命理奇事／法雲居士著，--臺北市：金星出版：紅螞蟻總經銷，2021年[民110年] 第1版　面；　公分—(命理生活新智慧叢書·130)

ISBN: 978-986-6441-79-0（平裝）

1.紫微斗數　2.占星術

293.11　110000352

世界名人命理奇事

作　　者：法雲居士著
發 行 人：袁光明
社　　長：袁靜石
編　　輯：尤雅珍
出版經理：王璟琪
出 版 者：金星出版社
社　　址：台北市南京東路三段201號3樓
電　　話：886-2-23626655
傳　　真：886-2-23652425
郵政劃撥：18912942金星出版社帳戶
總 經 銷：紅螞蟻圖書有限公司
地　　址：台北市內湖區舊宗路二段121巷19號
電　　話：(02)27953656(代表號)
網　　址：www.venusco555.com
E-mail　：venusco555@163. com
　　　　　fatevenus@yahoo.com.tw
法雲居士網址：http://www.fayin777.com
E-mail　：fatevenus@yahoo.com.tw

版　　次：2021年11月第1版
登 記 證：行政院新聞局局版北市業字第653號
法律顧問：郭啟疆律師
定　　價：380 元

ISBN：　978-986-6441-79-0（平裝）

（因掛號郵資漲價，凡郵購五冊以上，九折優惠。本社負擔掛號寄書郵資。單冊及二、三、四冊郵購，恕無折扣，敬請諒察

世界名人命理奇事

序

這本『世界名人命理奇事』，是集結過去多年來，曾發表在FaceBook上的文章，將之匯集做一個整理而形成此書的。此書講的是現今二十一世紀世界上，過去或現在正發生的、各種各樣，以及各個國家、地域、業界、層級，所發生的怪事。這些人、事、物的產生並不是偶發現象。它們是經由人的性格、脾氣、內在的涵養所蘊育發生的結果問題。

很多人認為算命及命理不夠科學，但是又希望能預知未來。因此仍然會說：我暫且聽一聽。藉以表示自己的清高或不迷信。但我覺得了解人性是很重要的，它結合了時間的軌跡，便會發生許多奇奇怪怪的怪事出來。正所謂『前事不忘，後事之師。』或稱『殷鑒不遠』皆可。如此我們就會以為很多事就不會發生了，能糾正了。事實上，歷史是不斷重複發生的。所以世界上的怪事也不斷重複發生及進行的。當然，我只挑選了大家所關心的、喜歡看的、有關政治、財經、王室、運動員等的有趣及精彩的人生故事來分析其命理結構，由事情的結果來探討會發生的原因。

所有的人都是由天生的性格來主導其命運的。性格決定你面對事物、及處事的方法，也決定你所能承受的後果。所以由性格開始，到思想、判斷、決定、到最後的結果發生，幾乎是像一條長長的鎖鍊把人緊緊的捆住了，是無法掙脫的。

我們看美麗的英國黛安娜王妃的香消玉殞，覺得這等世紀慘事真是不可思議。但如果分析到她的性格，以及她先天已被決定的環境，性格與環境的衝突很大，你就會知道很多事是必然會發生的。一點也不為奇了。當然她沒有貴人也是最大的致命傷。最後只有往事可待成追憶了。

這本書不但分析了很多各界的精英，同時也做了某些預言和預測，希望大家一起和我見証這二十一世紀的世界進步。

法雲居士謹識

世界名人命理奇事

目錄

日本王室／59

二、國際政治人物／83

四、普普眾生的辛勤努力／215

一、東西兩大王室人員命理結構與未來命運

英國王室

1 英國伊莉莎白女王的城堡

https://zh.wikipedia.org/

英國女王伊麗莎白二世，原名為伊麗莎白・亞歷山德拉・瑪麗（Elizabeth Alexandra Mary），是英國溫莎王朝第四代君主、英王喬治六世的長女。

英國女王是英王喬治五世和瑪麗王后的孫女。於 1926 年 4 月 21 日上午 2

時40分，在倫敦梅費爾布魯頓街17號的祖父母家中，被以剖腹產的方式出生。這在當時是非常少見的，如果在東方，沒有剖腹手術的技術，可能會胎死腹中。當時她的父母親還是約克公爵跟約克公爵夫人。她出生後，按照英國王位繼承順序，成為父親之後的第三順位繼承人。因為當時約克公爵父女兩人繼承英國王位的可能並不大。因為伯父愛德華八世未婚、無子嗣。但1936年1月，祖父喬治五世逝世，愛德華八世繼位，隨後為了迎娶華麗絲・辛普森，而退位，這就是有名的『不愛江山愛美人』歷史事件。於是伊麗莎白二世的父親約克公爵，登上愛德華寶座，成為英國國王和印度皇帝，是為喬治六世。十歲的伊麗莎白的王位繼承權由此上升至第一位王位的推定繼承人。

中國的命理學常常在分析歷史脈絡的變化，和在歷史關鍵點所出現的關鍵人物的時間點的問題上。常發覺：**事實上，像是早已決定好了一樣。這彷彿是必然會發生的。常因為某一個人的出現，歷史就變成這樣了！**

也是因為強勢命格與性格的伊麗莎白的出生，原本薄弱的英國王室及年輕未婚、無嗣、及軟弱的愛德華八世想要離開，不想負國家的責任繼承王位。因此當這個人出生後，就自然驅逐弱者佔位，由強者這一脈繼承了。其實伊麗莎白的父親也屬於懦弱有殘疾的人。

有一部電影《王者之聲：宣戰時刻》（The King's Speech）。她的父親英王喬治六世患有口吃。原本患有口吃障礙的亞伯特王子從未想過登上王位，但兄長愛德華八世『不愛江山愛美人』，於是讓位。亞伯特王子就成為喬治六世。他雇用澳洲語言治療師萊諾．羅格（Lionel Logue），這位治療師伴隨他一生。

因此什麼樣的人出生，都是有其歷史任務的。命格強勢的人出生了，好的人是來框扶社稷，光耀門楣的。若是壞的人，就是來混世造反，屠害人類的。而伊麗莎白二世的歷史任務就是來框扶社稷，帶領英國走過黑暗的二次大戰，來到承平年代。

伊麗莎白的八字是：

丙寅
壬辰
日主　庚辰
丁丑

伊麗莎白的日主是『庚辰』，生於農曆3月辰月。辰中戊土多，戊土生金。母旺子相，庚金自然生旺。不必比劫（比肩、劫財）相助。支上寅辰兩次夾卯，寅卯辰合成東方，木多，有寅中甲木可疏土，金可露出。可以立大業。又有丁火出干，可煆金。可成大器。主成名。命中土輕，以丁火為用神。地支寅卯辰形成方局，代表東方，屬木。『木』是日主庚金的財星，財大如四方八局。四方是東南西北。八局包括了乾、兑、離、震、巽、坎、艮、坤等八個方位。所以伊麗莎白二世是大英國協的國王，領土財產遍及地球上很多洲。據資料顯示在她即位時，立即成為加拿大、澳洲、紐西蘭、南非、巴基斯坦和錫蘭的女王，1953年6月2日加冕。在位期間，以她為元首的國家有所增減。當前，除英國、加拿大、澳洲、紐西蘭外，還有牙買加、巴貝多、巴哈馬、格瑞那達、巴布亞紐幾內亞、索羅門群島、吐瓦魯、聖露西亞、聖文森及格瑞那丁、貝里斯、安地卡及巴布達、聖克里斯多福及尼維斯等12個國家尊其為國家君主。其餘隨屬國家改制為共和國，自立了新的國家元首。伊麗莎白二世的領土因為時代的變遷而慢慢減少了。甚至在1997年也將香港還給中國，失去了這顆東方明珠。

伊麗莎白二世八字的天干上，原有丁壬相合可化木，但有庚金相隔，可是地支上有強勢的木方局，故此格局若要化木（化財）成功，一是要看大運吉否？一是要看本人內心意願。怎麼說呢？伊麗莎白二世是陽女（陽年生的女性），八字大運要逆算，如六歲起運走辛卯運，在二十六歲己丑大運時接王位，時逢二次世界大戰結束。景況蕭條。三十六歲走戊子運，她在位其間做了重大憲政變革，並且很聰明的把權力下放給首相，在這段戊子運的運氣有些悶的大運中，她用了五個首相，其中包括了最早又有名的丘吉爾。大量非洲國家在 1960-70 年代時間脫離英國獨立，是去殖民化的高潮。並廢除了她的元首地位。

46 歲（1972 年開始）逢丁運時，正逢大好的官運，但 1970 年至 1980 年英國影響力逐年衰退，女王及王夫進行外訪多個歐洲國家和英國海外屬地，例如她也訪問過香港和中國。並經常參加大英國協首腦會議。女王在加拿大正式簽署法案，也前往澳洲簽署《與澳洲關係法》，終結與加拿大與澳洲的統治關係。

56 歲逢丙運開始（1982~1990 年代），這是火剋金的運程。她和王室的支持度跌至低谷的時期。女王在公眾壓力下開始交稅。她的長子查理王子與媳婦王妃黛安娜婚姻的破裂，以至黛安娜於翌年車禍驟逝時，王室「冷漠」的處理，手法遭到批評，成為民望低迷原因之一。

她的命中有七殺丙火和甲木偏財，在年柱上，這表示她能從祖上爭取到意外的權力和財富的。

伊麗莎白二世八字的格局是『白虎持勢格』。地支寅卯辰形成方局，代表東方，屬木。『木』是日主庚金的財星，財大如四方八局。所以伊麗莎白二世命中財多，也很愛錢，以愛財為命。其身宮在福德宮，愛享福，當然更會重視要享福所必需的財富了。所以她會緊緊掌握財富，不會讓子孫來管。

＊【白虎持勢格】詩曰：『白虎持勢寅卯強，如臨己午未戌鄉，四野遇之多富貴，必向皇都作棟梁。』

意思就是：命格是『白虎持勢格』，其內容是：日主是庚辛金且強勢的格局，四柱有寅卯木局也很強（財局強），如果又有己午未戌等火土相助，四柱上遇到，是多有富貴之人。並且會在最高權力政府機構做主要掌權之人。

伊麗莎白二世亦是英國歷史上最為長壽的君主和世界歷史上在位時間最長的女性君主及女性國家元首。伊麗莎白二世在位期間的重大憲政變革包括英國權力下放、加拿大憲法回歸及非洲去殖民化，其統治下的國家亦經歷了諸多戰爭及衝突。先後接見和造訪了五位教宗。也是首位舉辦過兩屆夏季奧林匹克運動會的國家元首。

伊麗莎白二世女王一生自己是平順的，夫妻和睦，配偶很聽話，兩人很相愛，所以生了四個小孩，三子一女。但家宅不寧。子孫的麻煩多，子孫差不多都離婚。這是因為她的子女宮為『巨門、地劫』的關係。『巨門、地劫』的意思是會子女多，很吵，怕他們吵，而較冷淡疏遠的意思。當然女王日理萬機，還要帶小孩是不可能的。多半由其夫婿菲立普親王來照顧管教。但看起來效果不彰。女王怕麻煩，每次都是到了最後關頭，無法收拾了，才免強出面收拾殘局。當然也讓她非常生氣。主要是菲立普親王是『太陽居陷化權、文曲化科』在亥宮坐命的人。他很會講話勸人，對人極度寬容。不計較人的是非。自然對小孩也很尊重，不會疾言厲色的說教。如果是命格好、個性好的小孩，很容易教養好。如果是命格乖張、性情急燥的小孩，便不易教養好了。所幸在他四個子女中除了都離婚外，都大致還算聽話。尤其懦弱執忸的查理王子在婚前一直很本份，沒什麼可挑剔的毛病。太陽坐命者的子女宮必為『七殺』。表示會有強勢脾氣暴躁，不好管教的子女。其實也可能是他自己的管教方法有問題。

菲立普親王享耆壽99歲辭世

與英國女王伊麗莎白二世結縭73年、高齡99歲的夫婿菲立普親王蒙主寵召了！外人看起來他這一生應該是無功也無過了！但他在女王口中是「這些年的力量與支柱」，並且73年來完成王室任務無數，聲譽卓著。這個王夫角色的最佳男配角做得如此恰恰好，為何又甘心做呢？我們從他的命格就可看出：

菲立普親王的八字是：

辛酉
甲午
甲辰　日主
辛未

菲立普親王的命理結構中，日主是『甲辰』，生於農曆5月。年干支的辛酉對日主甲木來說是正官，也是正剋，故祖上窮、家窮。年支及月支午酉相破，所以父母家窮，他在嬰兒時期就和父母流亡在外國了，是窮王子出生。

菲立普的年支與月支午酉相破，表示祖上窮，和祖上無緣。日主『甲辰』，『辰』為配偶之位。辰中含用為戊、乙、癸。戊土是偏財、乙木是劫財，癸水是正印。表示他的配偶是來蔭（印）他的，幫助他的。但會讓他失去一切，卻又是徒然得到的一樁好姻緣。而且時間跟機會錯過，就可能沒有婚姻了。

二次大戰在英國當兵。因為高大長得帥，被伊麗莎白看上。當時伊麗莎白是第三位繼承人。

菲立普命格好的地方是：有雙甲出干，支上有辰，甲木化氣必須見辰。甲己化土見辰，此為『甲己化土格』。以火為用神。為大富大貴、名利雙收的人。

菲立普的命格中有辰酉會金局，是桃花淫色格局。格局分處在年支與日支上。年支是祖先之位。日支是配偶之位。因此代表是因祖先的關係有桃花，而結婚有妻室。因此正是他因是希臘及丹麥王子，是貴族，因此有緣認識女王伊莉莎白。當然，在辰酉會局的這段大運時間內，從20歲到60歲之間，他是桃花不斷的。很多英國小報都有追蹤，幸虧沒鬧出大事件。其中白金漢宮內的事物官也幫忙解決不少。

菲立普紫微命格是『太陽居陷化權、文曲化科』在亥宮。太陽化權會愛掌權，但居陷，會性格悶，退居幕後，你看他的鼻子有多高，就知道此人是多強勢了！在結婚之前，我想他已考慮過：若不結這個婚，他會像無數的流落歐洲在上層社會打轉，靠親戚接濟的王子一般邋遢一輩子。

太陽化權是愛掌權、愛搞政治的。結這個婚就會與政治接近靠攏。雖然喬治六世把女兒嫁給他時，據稱國王曾對友人說：「我懷疑菲立普知不知道他要面對什麼。伊麗莎白遲早會成為女王，而他會是女王的配偶，這比當一位國王還要困難。但我想他能勝任。」這位喬治六世國王呀！我想你是被騙了呀！不過也看得沒錯！真是不二人選！

不過呢！女王和王夫的夫妻宮都很好，因此有73年的平順相濡以沫的婚姻生活。女王是武殺坐命，夫妻宮是天相居廟。王夫的夫妻宮是『天同、祿存』，兩個人的夫妻宮都是福星在位，自然和平會為對方想。但這兩人的子女宮，一個是巨門，一個是七殺，所以子女難免會鬧出事來，之前查理王子也很多年不與父親說話，可見王室家族的問題也和小老姓的家事一般吵雜。

菲立普親王的長壽是太陽化權的功能，幽默感是命宮的文曲化科居旺所形成的。化科更增加了文曲的口才、韻律、幽默等方面的力道。所以他還是個有趣、不古板的人。

菲立普的時干支是『辛未』，日主代表自己，辛未對於日主來說，辛是正官，既是正剋，也是管。因為有這些子女而被管被限制了。另一方面說這些子女所姓的是妻子的姓氏，不是姓他的姓氏。他是被招贅的。已改妻家的姓氏了。所以女王封他為『愛丁堡公爵菲利普親王』。『未』自是子孫之位。『未』為甲木之暗貴。表示他的子孫生下來就會主貴命。是他傳給他們的。他的子孫生下來就是王孫貴族，自然是他傳給他們的了。所以菲立普真是個天生做王夫的料！真是打著燈籠也難以找到的人選了。

2 查爾斯王子的婚姻運

查理王子和新冠肺炎

https://zh.wikipedia.org/wiki

根據2020年3月25日的新聞，英國查理王子也得到新冠肺炎，真是讓人驚訝於這種病毒真是不論貴賤一律公平對待。不過呢！皇室的人會因為醫療環境好，病況也不會太嚴重。查理王子是1948年11月14日晚上9時14分在倫敦白金漢宮出生的人。紫微命格是『巨門、天空』坐命子宮的人，其遷移宮有『天機、地劫』。巨門命格的人本身疾厄宮就會有『紫微、破軍』，表示是水道系統、淋巴、腎弱、膀胱等問題，這些都會和免疫能力較弱有關。況且巨門屬水，也會與肺部、支氣管炎等病變有關，所以命宮有巨門星的人都要小心！

查理王子的八字是：

戊子
癸亥
日主　癸卯
癸亥

查理王子的八字日主是『癸卯』。代表本身就是山林中的澗水清泉，這種命格的人天生就清高、心地慈祥，胸懷瀟灑磊落，不似流俗的人。喜過閒雲野鶴的日子。他對王位沒有興趣。他的母親伊利沙白二世女王已宣佈，王位要由威廉王子接任。查理這32年以來建立了有生態概念的『海格洛夫莊園』，做生機飲食蔬菜，這個莊園十分美麗，自然天成。下面圖片就是他的莊園。巨門的人愛吃、注重吃，因此做生機飲食蔬菜，十分合宜。

在查理的八字中，因月支和日支，還有時支兩次形成亥卯會木局，木會吸水，使日主癸水耗弱，干上有另外2個癸，但他須要庚金來生水助命。年月天干戊癸相合不化，但財還是在祖先父母的。現在他71歲大運終於走到庚運，再加上今年 2020 年是庚子年，他即使得病也也不會死。大運正好在喜用神上。而且他的『海格洛夫莊園』所發展出的很多生機品牌將更可發揚光大。能讓更多人過健康的生活，造福更多人，可能才是他一生所想望的！

查理的八字中，年干與月干戊癸相合化火，但支上無火局，故化火不成，於是形成戊土蓋水。而且四柱無丁點火。癸水的財星是丙丁火。卯中還是帶點丁火的。

查理的日主癸水，生在亥月，不旺自旺，因亥中有壬水之故。但亥中亦有甲木，會暗洩癸水之元神，旺中有弱。並且命局中支見兩次亥卯會木局，木旺，癸水洩弱，要用庚金制木、發水源才行。命局中沒有庚金（硬金），無法剋木。故查理的性格中有軟弱與頑固的一面。例如：支上的『亥卯會木局』，月支是父母之位。日支是配偶之位，會局是好的，但刑剋癸水。表示說他的配偶是父母決定的。也可說是戴妃是女王選的。查理很聽媽媽的話，既然媽媽說好，他也不置可否的同意了。於是有了世紀婚禮，給英國在世界上有露臉的機會。給英國王室也增添新氣象。1981年7月29日，查爾斯和黛安娜在3,500名來自世界各地的嘉賓（包括卡蜜拉）的見證下，在倫敦聖保羅座堂完婚。當時歐洲各國的國家元首都出席了婚禮。全球有7.5億人在電視機前見證這次豪華的王室婚禮。

現在要來談一下查理的婚姻。查理的日主是『癸水』，配偶之位是『卯』。卯是乙木，會吸水，會洩弱水的。說嚴重一點，他的配偶會拖垮他。倘若是普通人並不會很嚴重，了不起多花他一點錢。但這在王室，會影響到王位的繼承。

從查理的日柱『癸卯』中，可看到查理的婚姻運並不是很好，配偶只是來依附吸取水分的。可見配偶也不了解他。原理上卯中含一點丁火，但不是真的財。又是隱性的，所以他和配偶的緣份是很少的。即使和卡蜜拉結婚，只是給她一個名份。報答她在查理十多年婚姻風暴中對他的安慰。

查理的紫微命格是：『巨門、天空』坐子宮，對宮遷移宮是『天機化忌、擎羊』，表示他很會說話及辯論，有天空在命宮，十分聰明，智商高，但環境中常有不好及險惡的變化，讓他頭腦不清，疲於奔命的應付，但只要閉嘴、不反駁，便能事件平息。因此他常用了優雅的、沉默、低調不回應，來對付外界的攻擊。包括對他的前妻戴妃。所以只要有衝突他就冷處理，有時丟兩句會氣死人的話語洩忿。

他的夫妻宮是『太陰化權、地劫』。表示說他對女性有說服力與控制力，很會談戀愛。有地劫，表示不常用這種力量，會偶而用一下。夫妻宮也代表其人的感情模式。代表他是特別的、強力的會談戀愛的人，而且是不計榮辱、金錢財力、權力等的影響來完成他的愛情，但要合他的意。但達到目的後，也會很快冷淡。然後專注在他自己喜歡的事物上，例如投身健康有機莊園的生機飲食蔬菜產品生產等等。還要完成一些王室的義務活動等等。當了七十多年的王儲，還好有有機莊園的生機飲食蔬菜產品生產的事業來忙碌，否則也真無聊到死了。

此也正和了他的『山林中的澗水清泉』的命格。

他為何和卡蜜拉相合呢？因為卡蜜拉的日主是『丁火』，『丁火』正是查理王子日主『癸水』的財星，表示對他有利。黛妃的日主是『乙木』，會吸水，癸水會洩弱受傷，因此不合。再加上教育水準的差異。查理王子是英國三一學院畢業的，平常也喜歡研究看書。黛妃只是普通高中畢業，做過幼稚園老師，知識水準的差異，還有黛妃炫耀美麗流行，深得人望，不會內斂，也讓查理內心不爽。查理王子是冬天生的人，命格水多，性格很冷。兩任妻子都是夏天生的人，表示他須要火，須要別人很熱情的對他。但一個人的火對他有利。一個人的火對他無利。是故形成了世紀大悲劇。

查理王子是現任英國君主伊麗莎白二世和王夫愛丁堡公爵菲利普親王的長子，因此他排在英國王位繼承序列的首位。他是英國歷史上在位時間最長的王儲，時間超過70年。

查理王子的二任妻子卡蜜拉

https://zh.wikipedia.org/wiki

查理王子的二任妻子卡蜜拉，是英國王儲查爾斯王子在 2005 年 4 月 9 日以公證結婚方式所迎娶的第二任妻子。婚前稱卡蜜拉・帕克・鮑爾斯（Camilla Parker Bowles），本姓尚德（Shand）。

婚後稱：康瓦爾公爵夫人卡蜜拉殿下（HRH Camilla, The Duchess of Cornwall）

她是 1947 年 7 月 17 日出生的。比查理王子大一歲四個月左右。

卡蜜拉的八字是：

丁亥
丁未
日主　丁酉
甲辰

卡蜜拉的日主是『丁酉』。『丁酉』為有玻璃罩的燈光。夜間分外明亮。夜生者較好。但卡蜜拉是白天生的，白天出生的人會性情清亮。

在卡蜜拉的命局中，日主丁火陰柔，但干上有三丁，日主生旺。支上年支和月支亥未會木局。能生丁火。

此命格中最好的就是有甲木出干，一方面月支『未』和日支『酉』，未酉暗夾『申』。申中有庚和壬，庚金能劈甲引丁，壬水能養木。這個部分是暗藏貴命。但命局上明的是日支『酉』和時支『辰』，形成『辰酉會金局』。這是個邪淫的桃花格局，尤其又在日支和時支上，代表五十及六十歲左右會有婚外情。也因為這個『辰酉會局』是金局，代替庚金劈甲引丁，而成主貴的機緣。因此卡蜜拉在58歲當上王妃。你看！這些人的命格中是不是都透著玄機？

還有卡蜜拉的日主『丁酉』,『酉』為配偶之位。丁火剋酉金，所以她的配偶會很有錢。她也能控制得了配偶，及花得到他的錢。但『酉』為偏財，表示婚姻是不長久的，是露水姻緣。不過都這麼老了，又是二次婚姻了，又爬到這麼高的位置了，他們還會再離婚嗎？

卡蜜拉的紫微命格是『武曲、天相』坐命寅宮的人。其夫妻宮是『貪狼、天空』。表示她對配偶或情人根本不了解，就傻傻的忍耐和聽話就好了。所以她就等到了那個王妃的位置。卡蜜拉的遷移宮是『破軍、文曲、左輔』。代表她外面的環境是窮的。那個王妃的位置表面上好看，但實際上辛苦，錢也少。還必須多忍耐才行。卡蜜拉的命格由『朱雀乘風詩』可代表。

〔朱雀乘風〕詩曰：朱雀乘風是丙丁，如逢金水便崢嶸，申子辰鄉多貴達，逢時金殿玉階行。

3 黛安娜王妃的命格

https://zh.wikipedia.org/wiki

威爾斯王妃黛安娜（Diana, Princess of Wales），婚前稱黛安娜・法蘭西斯・斯賓塞女勳爵（Lady Diana Frances Spencer）

黛安娜王妃出生於英國貴族家庭，是奧爾索普子爵約翰・斯賓塞（即後來的第八代史賓沙伯爵）的第四個孩子。出生於1961年7月1日。

黛安娜王妃的八字是：

辛丑
甲午
乙未 日主
甲申

黛安娜王妃的八字日主是『乙未』。『乙未』為花架上的藤蘿之植物，最喜歡支上有寅亥等甲木來支助它，才能得雨露之惠，而有不凡的富貴。倘若無支架，則會淪落塵土支中，泥寧不堪。支上有午、未代表南方，木氣朝南方，其人性情會軟弱膽怯。因木氣夏季枯萎，一定要有癸水才能挽回。癸透有根才能富貴俱全。

戴妃命局中，癸在年支丑中，年干辛金雖能生癸水，但夏季渴水為甚，不足以救助。何況大運33歲開始逢戊戌運，土蓋住水了。36歲時又逢四柱相剋的日子，車禍而香消玉殞。

由戴妃的八字中火旺，可以看出她是既軟弱膽怯，又脾氣不好，很火爆的。十分沒有耐性。她的八字格局其實應該要好好保養身體，其實她的出生令她父親非常失望，因為其父親迫切需要一名男嬰來繼承家產。黛安娜7歲時父母離異，與達特茅斯伯爵夫人雷恩結婚，她與繼母的關係特別不佳，稱其為『惡女』。曾經黛安娜還把她『從樓梯上推下來』。後來，她的姐姐們被送到寄宿學校，由保母來照顧黛安娜及她弟弟。從此，黛安娜便擔任照顧弟弟的媽媽角色。我們由戴安娜的命局中年干『辛』，對日主來說是七殺，年支『丑』中含用又有己、癸、辛。也有辛金七殺、己土偏財，癸水偏印。七殺對乙木來說是不友善的，在戴妃很小的時候，她應該已發覺到：每當她爆氣發脾氣後，其境況會更慘。既得不到安慰，環境更糟。在她的命局中，只有癸水能稍解渴。己土是偏財。在戴妃的命格中有三個偏財。偏財很旺表示隨時有好運發生。但她不一定會運用。她最好的命局是時支『申』為日主乙木的天乙貴人，也就是說她的小孩是她的貴人。

戴安娜的四柱木多，有二甲支撐乙木，支上有午、未，代表南方火位。木多逢火位，稱為『氣散之文』。易洩木氣，須用癸水來滋潤救助，還須癸透干有根才行。但戴妃的癸水藏支，四柱支上不成會局或合局，八字中沒有貴局。戴妃的乙木之人，生於夏至之後，陰氣漸生，但四柱木火旺，從命理上講，也是容易殘疾夭折的。

戴妃幼年和查理交往過程

在幼年及青少年時間戴安娜都住在寄宿學校。黛安娜18歲時，父親送她一棟住宅當作成年禮物，同時黛安娜亦開始工作。都是一些低薪的工作。黛安娜和查理王子於1977年中一個派對中認識，之前查理王子曾與黛安娜的姐姐伊麗莎白交往過，黛安娜被邀參加查理王子的30歲生日派對。1980年7月，查理王子的友人邀請黛安娜到郊區度假一星期。1個月後，查理王子認定黛安娜是理想的王后，他邀請黛安娜到溫莎堡參觀並於一間育嬰室向她求婚，黛安娜答應了。1981年2月24日，白金漢宮正式宣布黛安娜•斯賓塞女爵將會嫁給查理王子。1981年7月29日上午11時正，查理王子和年僅20歲的黛安娜的婚禮於聖保羅座堂舉行，共有2650位賓客被邀請觀禮，總共有十億人收看了電視直播這場世紀婚禮。

戴安娜的命格中並沒有很好的格局，只是事逢偏財運爆發，例如在年支『丑』與月支『午』中有2個偏財並臨而爆發，幸運被選中為王子妃而已。剛好她又美貌，擺得出去，但太為人民所喜愛了，也犯了王室（女王）和夫婿的大忌。由於幼年都在寄宿學校度過，缺少家庭溫暖及良好的家庭教育。也沒有可商量的可靠對象，再加上年紀又輕，在王室這樣一個政治鬥爭很濃厚的環境中，戴安娜很快得上抑鬱症，幾乎沒有戰鬥力。情緒不好時就會大吵大鬧，這是常人無法想像的。她不像查理王子從小生長在王室，熟悉王室禮節規儀，再加上女王母親的偏坦，他可以活得很自在。因此黛安娜被選為王妃，是幸運，同時也是不幸的開始。

婚後生活

黛安娜的紫微命格是『紫微、天相、擎羊』在戌宮。這是『刑印』的格局。表示她內心常想競爭、好爭，但又常吃虧。『印』就是掌權。『刑印』就是無法掌權、無法主導事情的方向。但她又非常想掌權來主導，因此常有無力感。如果無法認清事實，就會一再的挫敗，焦慮症更嚴重。所以這是一種刑剋。刑剋到她自己本身。離她越遠的人反而更喜歡她，也對她越有利。她也對那些人有利。例如她用自身的美麗振興了英國的服飾流行，同時也增加了自己的財富。

我們由幾件事可看出戴安娜有擎羊陰險險惡的一面。如幼年推繼母摔下樓，導致父親將他們姐弟送去寄宿學校。在婚後當黛安娜在懷孕12周在私人住宅桑德令罕的樓梯上摔了下來，王妃身上有些瘀傷，但胎兒無事。關於這段事件，黛安娜後來承認，她當時其實是故意從樓梯上摔下去的，因為她希望這樣能挽留與卡蜜拉藕斷絲連的丈夫。據說曾看著黛安娜傷狀的查理，當時曾對她說到：

「我拒絕成為英格蘭歷史上唯一沒有情婦的威爾斯親王」隨後離她而去。顯然她這招吃力不討好的招數，又惹怒了夫婿。

黛安娜的日主是『乙未』。『未』是配偶之位，『未』中所含有的元素有己土(偏財)、丁火(食神)、乙木(比肩)。這表示她的配偶對她來說益處有限。己土是乙木的偏財，配偶之位有財星，代表有感情。但是偏財卻代表偶發的感情，或不正當的感情。丁火食神與乙木比肩代表配偶會像她的小孩或她的兄弟姐妹一般待她感情不深。因為她與自己的姐姐感情並不算好，此狀況更嚴重。

黛安娜的紫微命格的夫妻宮是『貪狼、陀羅、左輔』，表示說她的配偶運是『廉貪陀』格局，夫妻宮有『貪狼、陀羅』，官祿宮有『廉貞』相照而形成。並且還有一顆左輔星使狀況更嚴重。『廉貪陀』格局是一個邪淫桃花格局。表示說她會擁有一個會外遇偷吃的不良配偶。同時她自己也會外遇。有左輔，代表環境中有事件會幫忙變成這樣。

所以黛安娜的婚姻是：表面她很在乎及鍾情查理王子，在新婚時便知道卡蜜拉的存在，但她用盡洪荒之力想把配偶的愛情留在自己這裡，但結果失敗了，她氣憤、她報負，但仍想他回頭，直到自己也做了一些錯事，到了無法挽回而離婚。

1982年6月21日，黛安娜生下了的第一個兒子威廉王子。但在隨後她在患上了產後抑鬱症，1984年9月15日，黛安娜與查理迎來了他們的次子，即哈利王子。黛妃曾就此感慨；在她懷哈利那段時間，也是她和查爾斯最親密的一段時光。其實對於這段記述，我感到懷疑。因為夫妻間有親密快樂的時光，不可能生出這麼不佳命格的小孩。後來加上黛安娜王妃在英國廣播公司的《廣角鏡》（Panorama）節目中承認曾與騎兵少校詹姆士・休伊特（James Hewitt）偷情，因此有傳言哈利王子生父並非威爾斯親王，雖遭王室否認，但也是醜聞一樁。這也是命宮有擎羊的人，對人報負的一種手段，因為她自己已站在火海之中了，也要把對方推入火海，置之死地。

黛安娜王妃常傳出與王室家人不和之消息。而王儲查爾斯和舊情人卡蜜拉・鮑爾斯藕斷絲連，也令黛安娜的婚姻在短短數年間迅速完結。1992年12月9日查爾斯王儲和黛安娜王妃正式分居。1996年8月28日查爾斯王子和黛安娜王妃正式離婚。

1997年，黛安娜王妃與埃及富家子多迪・法耶茲在紐約度假時認識，法耶茲贈送豪華遊艇予黛安娜和威廉、哈利兩位王子。

1997年8月30日晚，黛安娜和多迪均在車禍中死亡。

1997年9月6日舉行葬禮，安葬在她父親的家族墓地，北安普敦郡的奧爾索普（Althorp）

戴安娜的死亡，正如她的命格一般，如花架上的花墜落塵土一般。

黛安娜說：「我丈夫在每個方面都讓我感到沮喪，每次我抬起頭來呼吸空氣，他都會把我按下去。」

查理王子和黛安娜這對夫妻的婚姻，由原先的王子公主快樂的結婚故事，變成到後來的怨偶離婚，有16年的時間。

他們在1992年分居，不久之後，他們關係的破裂就被公眾所知。他們婚姻困難的細節越來越多地被公開，1996年，這段婚姻以離婚告終。

1996年8月28日她與查理離婚後仍是世界媒體的焦點。1997年8月31日她在巴黎因車禍去世，享年三十六歲。她的一生快樂的時間少，心情衝擊的時間多。

4 威廉王子和凱特王妃

https://zh.wikipedia.org/wiki

威廉王子全名為威廉・亞瑟・菲利普・路易（英語：William Arthur Philip Louis），現為英國王位第二順位繼承人，僅次於其父查理王子。威廉王子在1982年6月21日的晚上出生於倫敦。

威廉王子的母親黛安娜王妃在巴黎遇車禍而亡時。當時威廉和哈利王子與女王正在巴爾莫拉城堡避暑，之前兄弟倆剛和母親在法國南部度假。查理王儲叫醒在睡夢中的兩兄弟，告知他們母親過世的消息。戴安娜王妃出殯當天，威廉王子和弟弟，父親查理王子，祖父王夫菲利普親王和舅舅查爾斯・史賓莎伯爵一同跟隨王妃的靈柩，自白金漢宮步行至西敏寺。王子喪母使大眾對他倍加憐愛，威廉遺傳了母親楚楚動人的可憐氣質，故深受青年人及少女和追星族的歡迎。

威廉王子的八字是：

壬戌
丙午
日主　乙亥
丁亥

威廉王子的日主是『乙亥』。『乙亥』為寄生他木之植物，死處逢生。而有依附。日主乙亥者，多為移花接木。此命者多庶出或晚生之子。若劫星甲木安穩，會有意外之奇遇。

此命局中乙木生午月，為乙木逢火位，稱為『氣散之文』。支上又有『午戌會火局』，洩木之氣必須用癸水滋潤。癸透有根，才能富貴雙全。乙木生五月，兩旁有丙、丁相夾，支上又是火局。枯槁已極，幸有壬水在年干上，日支、時支皆為『亥』，『亥』中有壬水及甲木兩種元素，壬水有根，而得救。甲木又能支助日主乙木，以增其氣場，不致氣散。他在26歲至46歲前走癸水、壬水的運程是好運的。之後走庚辛運會剋木而辛苦不佳。威廉王子的命中財不多，乙木的財是戊己土，在他的年支中有戊土正財，在月支午中有己土偏財。所以他是個財少、性格衝突大的人，內在性格並不像外在那樣親民和氣。

威廉王子的紫微命格是『天相』坐命未宮，對宮遷移宮有『紫微化權、破軍』相照。這表示說他的出生是來強勢要修復一些事和家庭關係的。『紫微化權』有強勢要修復的意味。『天相』也是使平順，而有修復整理意味的星。當命格為這些修復意味深重的星時，也意味著家中將有變化，父母可能會離婚。

他的夫妻宮是『廉貞、貪狼』，表示其人內在心情常不佳，早上起床會有起床氣的人。上午時間運氣及心情都不好。也表示和其配偶感情不佳，容易離婚或有婚外情。(英國王室的歷史上好像蠻允許這樣的)，不過我看：在威廉大運不佳時會犯錯，也容易被拋棄。

威廉王子和他的母親一樣的，在命格中並沒有什麼好格局。官祿宮是『祿存、文昌』，對宮相照的是『廉貞、貪狼』，表示其人的工作事業是表面好看、保守的一點錢，也沒有甚麼職稱的工作。所以他在王室中混混是最好的了，如果女王要傳位給他，很可能之後英國公民不想再養王室了。他之所以選中凱特，其一為美貌，其二為凱特致富的娘家。

與凱特的戀情

2003年，威廉王子與大學同學嘉芙蓮・密道頓（凱特）交往。中間曾經分手後復合。

2010年11月16日，克拉倫斯宮宣布威廉和凱薩琳・密道頓定於2011年完婚。送給凱特的訂婚戒指是當年黛安娜王妃的18克拉藍寶石訂婚戒，婚禮於2011年4月29日於倫敦的西敏寺舉行。全球有超過20億人通過電視觀看婚禮。

https://zh.wikipedia.org/wiki

暱稱「凱特」（Kate）的凱薩琳・伊莉莎白・密道頓（Catherine Elizabeth Middleton，1982年1月9日），畢業於聖安德魯斯大學藝術史系。凱特的父母兩人都曾是英國航空的員工。父親是機師，母親是空服員。後來凱特的母親創立派對用品 Party Pieces 公司，米德爾頓家便靠此公司致富。

凱特王妃的的八字是：

壬戌
癸丑
日主 丁酉
丙午

凱特的日主是『丁酉』，『丁酉』為有玻璃罩的燈光。夜間分外明亮，白天生的人，也會性格清亮。而且『酉』為配偶之位，『酉』是丁火的財，故凱特不但能從配偶身上賺到錢，也管得住他。她的日主和卡蜜拉的一樣。所以剋得住老公。

在凱特的命局中，丁火生丑月，天氣大寒，丑宮有己、癸、辛藏用。四柱干透癸水，為『七殺格』，主貴。用癸水做用神。此命局中，有一丙出干，丁火被助旺。支上又有『午戌會火局』，丁火很旺，年月干上有壬癸水，支上有丑酉會金局，會生水。煞身兩旺。但支上『戌丑相刑』，代表幼年家窮。日支和時支

『午酉相破』，未來和子女不和或分離。

凱特的紫微命格是『廉貞、天相』坐命子宮，其夫官二宮形成『武貪格』偏財運格。同時也是在此大運中結婚及登上妃位。

凱特婚後積極參與反霸凌與心理健康的公益活動。當年她與威廉王子結婚時，更鼓勵民眾將買結婚禮物給他們的錢捐予兒童慈善團體 BeatBullying。她頗具運動細胞，擅長曲棍球、網球等運動項目，也曾擔任社長、班長。此外她也擅長跳高，曾在就讀聖安德魯學校時創下 1.5 公尺的跳高紀錄，該紀錄迄今尚未被刷新。

凱特在聖安德魯斯大學修讀藝術史，並於在學期間與修讀地理的威廉王子相識相戀，兩人同在 2005 年畢業。凱特大學畢業後很長一段時間沒有工作，英國媒體譏笑她為「Waity Katie」，意思是指她在等待威廉王子的求婚而沒有工作的意願及需要。

凱特和威廉王子是在 2001 年一同就讀於聖安德魯斯大學時認識，並於 2003 年開始戀情，常被英國小報的狗仔跟拍。2010 年 10 月 16 日兩人去肯亞旅行，途中在威廉非常喜愛的位於肯亞北部的勒瓦，向凱特求婚。於 2011 年 4

月29日在倫敦西敏寺完婚。

生有3名子女：

1. 劍橋的喬治王子（Prince George of Cambridge，2013年7月22日）

2013年格林威治時間7月22日下午4：24分 是英國王室第三順位繼承人。全名為喬治・亞歷山大・路易（George Alexander Louis）。

喬治王子的八字是：

癸巳

己未

日主 己丑

壬申

喬治王子的日主是『己丑』。『己丑』為含水量豐富，多膏脂的腴田之土。能收穫的稻麥農作物也最多。日主己土的人，最喜歡在命局中有雨露的滋潤，還要有太陽的呻照薰陶，稻穗才會美麗果實多。若有子丑相沖、丑未相沖，武庫沖開，印煞相互得用，可輕易得到文武貴職，建立功勳。

在他的命局中，已土生未月，為土專旺之時，極旺。火炎土燥。陰干本無刃，但未月已土有刃。支上巳丑結金局，不貴即富。生於大暑之前，專用癸水做用神。命局中有丑未相沖，沖開武庫為佳。但也有巳申相刑，其子孫見不著祖先。『丑』為配偶之位。丑中有己、癸、辛。因此喬治王子會有很好的配偶及婚姻運。夫妻和睦。這是他此生的幸福。他的紫微命格是『巨門化權、陀羅、火星』坐亥宮，對宮是『太陽居旺、右弼』，表示他會和父親及男性較親近。口才好，有說服力。非常會談戀愛，及有必要時對人體貼，討喜。

他的紫微命格和祖父查理王子相似，但八字不一樣。未來是應該能做一些事的。

2. 劍橋的夏綠蒂公主（Princess Charlotte of Cambridge，2015年5月2日）

2015年格林威治時間5月2日早上8：34分，小公主全名為夏綠蒂・伊莉莎白・黛安娜（Charlotte Elizabeth Diana）

夏綠蒂公主的八字是：

乙未
庚辰
戊寅　**日主**
丙辰

公主的日主是『戊寅』。『戊寅』為艮山。以長生趨艮，氣脈聚會而定。戊在寅中長生。日主『戊寅』的人，喜歡命局中有煞刃、財星、食神。不喜刑剋破害和申字，因寅申相沖。

在夏綠蒂的命局中，日主戊土生辰月，辰宮土旺秉令。有丙火透干，甲木藏寅，癸藏辰中，有異途顯達達之貴。癸水藏支，可聲名遠播。三月生戊土之人，命局支上有『寅辰』，支類東方，有庚出干，乙庚相合不化，庚金有用，掃除官煞，以財生煞，辰宮為財庫，能聚財。但辰宮戊土當旺，易遭禍，不能受財，用時干丙火洩木，以癸水財星做用神。（※用神：就是救助命格所要用的基本元素，也是必需的藥。）

夏綠蒂的紫微命格是『廉貞、天相』坐命子宮，她與她的媽媽命格相同。她的遷移宮事『破軍、文昌陷落』，長相不會太好看，也不算聰明，環境複雜主窮。但她很會料理，身宮在官祿宮，很愛工作賺錢。25歲走『癸未運』時是正逢財運有好事。60歲左右有禍事。

3. 劍橋的路易王子殿下（HRH Prince Louis of Cambridge）2018年4月23日），全名為路易・亞瑟・查爾斯（Louis Arthur Charles），他是英國王位第五順位繼承人。

路易王子的八字是：

戊戌
丙辰
日主　己丑
庚午

路易王子的日主是『己丑』。『己丑』為含水量豐富，多膏脂的腴田之土。能收穫的稻麥農作物也最多。日主己土的人，最喜歡在命局中有雨露的滋潤，還要有太陽的晌照薰陶，稻穗才會美麗果實多的。日主和哥哥喬治王子的日主一樣。所以也會有很相愛的配偶和婚姻運，這是他好命的地方。

路易王子的命局是：己土生辰月。土旺秉令。有丙火、戊土、庚金透在干上，支上支聚四庫戌、辰、丑。時干是午。須有甲木疏土，但四柱無甲木，支上午戌會火局。火土旺，全無剋洩。金運耗敗，壬運不吉。救助本命的藥（用神），按理用丙火但本命火土太旺，恐燒毀。若用財星癸水，好一點，但杯水車薪。

路易王子的紫微命格是『太陰化權、文曲陷落』坐戌宮，身命同宮。主觀意識強，幼年愛哭。他跟母親及女性較親近。對女性有說服力。在外也能得到表面陽剛、文質彬彬，但內在有點笨的男性喜愛。他也溫柔多情，深受異性的喜愛。但命格火多，會有災禍或癌症在五十多歲時亡故。

5 哈利王子和梅根一家

被大眾暱稱為哈利王子（Prince Harry），全名為亨利・查爾斯・阿爾伯特・大衛（Henry Charles Albert David），哈利王子現時是英國王位第6順位繼承人。1984年9月15日下午4時20分出生於英國倫敦。由於黛安娜王妃在英國廣播公司的《廣角鏡》（Panorama）節目中承認曾與騎兵少校詹姆士・休伊特（James Hewitt）偷情，因此有傳言哈利王子生父並非威爾斯親王，但王室和休伊特本人都一直否認該傳聞。

1998到2003年間在著名的伊頓公學就讀，後進入皇家軍事學院受訓，又進入皇家騎兵團擔任搜索排長。2011年4月，哈利王子服役第5年，完成第一階段為期8個月駕駛阿帕契武裝直升機訓練，順利晉升為航空兵上尉，後於2015年自陸軍退役。

2017年11月27日，哈利王子在女友美國女演員梅根・馬克爾烘烤火雞時，突襲求婚成功，其婚事之前已獲女王批准，並受到其他王室成員祝福。於2018年5月19日舉行婚禮。

https://zh.wikipedia.org/wiki

哈利王子的八字是：

甲子
癸酉
日主　壬子
戊申

哈利王子的日主是『壬子』。『壬子』是氣勢滂沱的大水，需要以煞制刃，用清流砥柱來力挽狂瀾。再用印綬（庚辛金）、食傷（甲以木）與官煞（戊己土）相互制服，會有富貴前程。

哈利王子的命局是壬水生八月（酉月），辛金司令，有辛祿。金水相生，稱為『金白水清』。年干有甲，但癸水出干，支上申子兩次會水局，水多汪洋，不能以『金白水清』來看。要用戊土做用神，做堤防，引水入海。可為多才富足之人。

哈利王子的紫微命格是『陀羅坐命丑宮』。對宮有『武曲化科、貪狼、地劫』相照。原本他的遷移宮有『武貪格』之暴發格的，但有地劫同宮，再加上八字四柱都沒有偏財，故沒有偏財運。所以他是看起來有些笨，但一心想發財的人。所以他選中梅根，認為她會幫忙他賺到錢。他的夫妻宮是『紫微、七殺、左輔，』表示配偶很忙，性格乾脆，強勢。高高在上自以為是。她會自以為比哈利厲害而強勢兇悍。

哈利王子之妻，原名瑞秋‧梅根‧馬克爾（Rachel Meghan Markle，1981年8月4日），婚前於美國從事時裝模特兒、代言人以及演員等職業，曾與崔佛‧

英格森有一段兩年的婚姻。自 2016 年夏天起，她與英國哈利王子開始交往。於 2018 年溫莎堡舉行婚禮。兩人育有亞契與莉莉白一子一女。2020 年 1 月 18 日，英國王室公布薩塞克斯公爵及其夫人將退出王室核心工作，在 2020 年 4 月起開始不再使用殿下（HRH）頭銜，也不能再使用「皇家」（Royal）名號。退出王室工作後，薩塞克斯公爵夫婦目前暫居洛杉磯。

照片取自 https://zh.wikipedia.org/wiki/

梅根的八字是：

辛酉
乙未
日主　甲寅
丙寅

梅根的日主是『甲寅』。『甲寅』為碩果品彙之木，是一種高級的果木，必須有人持刀看守方可。所以日主是好的。甲代表自己，『寅』是配偶之位，『寅』中有甲、丙、戊。甲是臨官極旺之位。故配偶對她是有利的。像哈利的日主是壬水，是生甲木的，可見她真找到能使她發財的好對象了。

在梅根的命局中，甲木生六月（未月），己土當旺，未為木庫。又生於大暑之後，金水進氣。命局中有辛、乙、丙透出干上，支上有雙寅，甲木臨官在寅。而不能化土，又因火炎土燥，年上辛金不能剋甲，四柱無癸，用虛神癸水坐用神。

她的命局裡，寅中有丙、戊祿，戊土也是偏財，有2個偏財，故一定會發。在支上，年支與月支酉未夾『申』，而寅申相沖，故家族血緣混雜，她與父輩家族緣淺，家窮。其母親是非裔美國人，父親是歐裔美國人。父母在她六歲時離異。另外，支上又是寅未六合，與母親關係還是親密的。再者，辛貴在寅，有兩度。所以她在五、六時歲及七、八十歲時，有兩次爆發偏財運的時候，也名氣大開，主貴運。目前梅根正在走正財運已運之時，忙著賺錢，不甘心拿英皇室微薄薪資。所以和哈利一同退出王室工作。

梅根的紫微命格是『貪狼、文曲化科』坐命午宮。對宮遷移宮有『紫微、鈴星』相照，本命就有『鈴貪格』。每逢子、午年的農曆6月、12月爆發。她25歲時已爆發過一次大的了。梅根的夫妻宮是『廉貞、天府』，表示她和她的配偶都是愛交際應酬的人，他們以此賺錢。有利益時感情好，若有災難會分手。不過目前尚在相互得利的時候。

6 王室的展望

英國王室是一個陰勝陽衰的王室。自從伊莉莎白二世女王強勢當家以來，王室的一切都在女王掌控之中。國家的機器也大都在她的掌控中。雖然有首相，有內閣和上議院和下議院等和國君一同主政。在王室的家事中，女王的地位是一言九鼎的。在那個年代，王子到30歲還沒娶妻也真是少有的。何況是英國這個日不落國。當女王想到要為查理王子在親戚中找老婆的時候，肯定會樂壞了這些有適婚女兒的族人貴戚。

黛安娜所出的法蘭西斯・斯賓塞勳爵家（Frances Spencer），原本也很窮，直到她父親等到襲爵及承襲家產之後才富有。所以在黛安娜18歲時會給她一棟房子，讓她住在那裡，但她與家裡的連繫是不多的，直到被選為王子妃，父親及家人才開始重視她。英國的貴族沒有繼承財產的，大都很窮。其實這些貴族子女也都非常想賺錢。女的就要嫁富翁，男的要想方設法發大財。例如前不久，黛妃30歲名模姪女，在義大利出閣。擁有31億的62歲富老公，比岳父大5歲。戴妃的姪女總算找到好歸宿了。

自女王強勢當家以後，王室的一切都在女王的掌控下，由其是財產部分。從王夫菲立普親王以降，查理王子、威廉王子、哈利王子等，都只能遵守王室的義務，勤勤懇懇的做王室指派的工作。住在王室指定的莊園，他們用度甚少，甚至沒有額外的收入。堪稱富屋窮人。

這些外來的女人都有偏財運（俗稱『爆發格』）。這些女人既是命中注定，又是意外的踏入這幾個王室男人的生命中。像黛妃和凱特等，幼年和青少年都窮困，可能做夢都沒想到會嫁入王室。卡蜜拉之前有婚姻，也沒想到能成為查理的二妻。但她們都有特別的運氣（機緣），是可將人生增貴的機緣。這部分又好像是命中注定的一般。

但是黛妃入嫁後，因為外型姣美，儀態大方，有時又楚楚可憐，深得英國民眾喜愛，更成為英國流行界的寵兒。於是這些流行界的廠商（超級大的牌子）不乏向之饋贈衣飾、財物。希望黛妃能穿戴其廠商的衣飾用品，因此黛妃有了非常優渥的財物入口，又不張揚，又振興了英國流行服飾界。我們看到黛妃死後，所遺留的眾多珠寶首飾，後來在威廉、哈利兩兄弟送給妻子的婚戒上出現，就可知道黛妃16年婚姻期間，所得的財物不菲。現今黛妃這個空缺已由凱特王妃代替繼承了。她行事低調，處處講求平民化，也可能英國經濟盛況已不如黛妃存在那時期的蓬勃，但仍會有豐富的廣告資源貢獻給凱特的。

女王所生的四個子女的命運都不算好。每一個都婚姻不幸福，都離婚收場。最難堪的就是查理王子了，婚姻不幸天下皆知。最後，黛妃還上電視台專訪承認與人有染。一國之王子不但自己不倫與人苟且有情婦，妻子也給他戴綠帽，真像平民小百姓家上演的肥皂劇。真是『不是一家人不進一家門。』最後戴妃車禍死亡，雖在離婚後，但與新任男友一起，並傳說也懷孕了，這也讓查理王子更形難勘。在這種氛圍下，自然威廉與哈利的命運也不會好。但他們很知道找自己的活路。首先，威廉就找到大學同學，又是小家平民而父母致富的凱特為妻子。凱特很愛賺錢，並立即承襲戴妃的路線，而有了財路。因此夫妻倆有了安頓的歸宿。她也知道生孩子是她最大的責任與力量，努力生了三個小孩，對丈夫與婆家有了交待。哈利也特別想賺錢，曾去請教哥哥威廉。得知唯有結婚得到外援是唯一生財的機會。於是積極物色對象。當然，此時也正在找機會往上爬的梅根，很快的湊近前來，展現自己會賺錢的一面，讓哈利認為找對人了，迅速結婚。之後，梅根發覺王室名稱只是一個空殼，很難賺錢。於是上演夫妻倆出走、退出王室公務，獨自向外、向美國演藝圈發展。2019年底，女王的第三個兒子安德魯王子被捲入愛潑斯坦性醜聞中，亦宣布停止履行王室義務。唉！這些子孫還能為伊莉莎白二世女王撐起英國這個王室多久呢？

日本王室

在東方王室中，歷史久、地位最崇高的就是日本王室了。雖然他們二戰戰敗過，王室再復興，但目前日本的經濟力已超出亞洲各國。自然日本王室是不容小覷的。

1日本天皇德仁

德仁（德仁／なるひと；1960年2月23日生）是日本第126代天皇，即今上天皇，年號為「令和」。德仁是退位的上皇明仁與上皇后美智子的長子，幼稱浩宮，曾取得學習院大學人文科學碩士學位，後又獲得牛津大學名譽法學博士。

是一位德智兼備的人。

德仁天皇的八字是：

庚子
戊寅
日主　辛巳
丙申

德仁天皇的日主是『辛巳』。『辛巳』是石中的璞玉。具有水能使其清澈發出光芒，即所謂『雨後吐彩』。命局中要以干上有壬癸水透出為最上格。支中藏水為次等貴格。即使干上有丙辛相合化水，也是最好的。

他的命局中日主『辛巳』生於寅月，寅中有甲、丙、戊，是辛金的正財、正官、正印。『辛金』生寅月，辛金為溫潤之金，生於寅月為衰絕失令，極弱。有庚在年干，庚能助辛，支上子申會水局。干上又有丙辛相合化水。丙被合後，會水冷金寒，專用巳中丙火為用神。此命局中，地支「子寅巳申」代表東西南北四方，格局很大。年支與月支子寅相刑，表示祖上的成就不高。月支與日支寅巳相刑，表示自己及配偶與父母的關係不親。日支與時支巳申相刑。還有月支與時支寅申相沖。

德仁的八字較涼，是一個很冷靜的人。自古帝王的命格都是刑沖多，故為孤家寡人。也因為巳申相刑與寅申相沖的結果，……無子。

德仁的紫微命格是『武曲化權、天府、鈴星』坐命午宮的人。遷移宮是『七殺、文曲』，表示他是一位非常有主見的人，性格剛直。身宮在官祿宮，喜歡讀書和工作，不喜歡做無聊和無謂的事。所以在六十年等待繼位期間，他也沒閒著，努力研究學問，取得學習院大學人文科學碩士學位，及獲得牛津大學名譽法學博士等。在他繼任天皇後，他會更努力於濟民救世的工作，也會成為日本歷史上較有成就的人。他的夫妻宮是：『破軍、左輔』，表示他和配偶的想法不一樣。但他也會更加容忍不同想法的思想和建議。他和雅子皇后的八字日主丙辛相合，故感情好。

②皇后雅子 雅子（雅子／まさこ），是日本第126代天皇德仁的皇后，婚前姓小和田（小和田／おわだ）。她是日本上皇明仁的長媳，目前擔任日本赤十字社名譽總裁。

雅子於1963年12月9日出生於東京都，父親小和田恆是外交官及國際法院前院長，因父親是外交官的關係，除了小學至高中一年級之外，其早期生涯有很長的時間是在海外度過的。1985年畢業於美國哈佛大學經濟系，回國後再入讀東京大學法學系。在日本外務省工作，先後配屬於外務省經濟局、日本駐英國大使館和外務省北美局北美二課。

1988年至1990年，留學英國牛津大學貝利奧爾學院，並取得碩士學位。

1986年10月18日，當時西班牙國王胡安．卡洛斯一世長女艾蓮娜訪日的歡迎招待會上，雅子與當時也出席的皇太子德仁親王初次認識，這成為兩人交往的契機。之後，在德仁親王主動的追求下，兩人交往的事情逐漸明朗。1993年1月19日，日本皇室會議召開記者會，宣布雅子內定為德仁親王的王妃，雅子也在同年2月從外務省辭職；同年6月9日，與德仁親王結婚，成為皇太子妃。2001年12月1日，在皇居內的宮內廳醫院產下女兒敬宮愛子內親王。

雅子皇后的八字是：

癸卯
甲子
日主　丙戌
甲午

雅子皇后的日主是『丙戌』。『丙戌』為日入地網。戌為地網宮，亦為墓宮。太陽入地網宮，極為困頓無光。此日所生之人，必須四柱上有寅午，夜生人支上要有亥子，才能有成就，否則終身無法發達。

雅子皇后的命局中，日主丙戌生於子月，年干癸水官星，在月支『子』中得祿。子卯、子戌都相刑。官星受傷。此人會在庚辛運富裕，土運受傷。此命局中丙火生子月，有雙甲在干上，支上又有午戌會火局丙火生旺，必會主貴。命局中劫、印太旺，要用官星癸水來救，用癸水做用神。八字中仍缺水，難生子嗣。如果剛20歲時生兒子仍可生出。但她結婚時已30歲，大運在丁運，火多缺水，加上德仁的身體及命中都難生子嗣。故無子，只能生下女兒。但她和德仁的八字丙辛相合，故感情好，一見鍾情。

雅子皇后的紫微命格是『紫微、七殺、天空、地劫』坐命巳宮。身命同宮。因此自我意識較強。她的遷移宮是『天府、陀羅』，表示她周圍的人表面看起來很好，但是很笨，會用一些笨事來為難她。

2004年7月30日，宮內廳官員宣布，一直備受皇室生活壓力而鬱鬱寡歡的雅子，經診斷出適應障礙症，目前正接受治療。2007年2月，藍燈書屋出版澳大利亞記者班．希爾斯（Ben Hills）撰寫的傳記《雅子妃：菊花王朝的囚徒》（Princess Masako : Prisoner of the Chrysanthemum Throne），指雅子罹患重度憂鬱症而非適應障礙症。

在2004年雅子備受皇室生活壓力（宮內廳的一些規矩）而得了憂鬱症，

主要是因為大運逢到戊運，土蓋住水了，致使她運氣不佳。因為本命宮有天空和地劫的關係，極容易得憂鬱症。再加上她的八字中月支子和日支戌，形成『子戌相刑』，她的長輩緣分不佳，婆媳問題勢必很嚴重，只是宮內廳官員不願說出來而已。

在雅子皇后的命格中也有『武貪格』，但是不發的『武貪格』。因為她的財帛宮有『武曲、貪狼化忌、擎羊、左輔、右弼』。因為有化忌和擎羊的關係而不發。再則她八字中也無偏財。這種財帛宮的解釋是：因為周圍有多種左右手幫忙攔著她發財的機會。但一定的正財她還是有的。

3 愛子公主

敬宮愛子內親王（2001年12月1日），日本皇室成員，德仁天皇與皇后雅子的獨女。宮號敬宮。封位內親王。首位在21世紀後誕生的日本皇室成員，也是目前最年輕的女性皇族。

愛子公主的八字是：

辛巳
己亥
日主 戊戌
己未

愛子公主的日主是『戊戌』。『戊戌』是魁罡演武之山（表示是石頭剛硬乾燥的山）。必須要有劫刃，使之得權，再有刃煞、財星、食神，彼此相制相扶，或有戊癸相合，可有富貴。

此命局中，戊土生亥月，亥月水旺秉令，土為濕土。十月戊土為偏財格。有雙己出干，土多。支上亥未會木局，丙火藏於年支『巳』中，甲木藏於月支

『亥』中，用巳中丙火做用神。用木疏土，格局清秀，亦主富貴，但命局中有巳亥相沖，戌未相刑，將來子息也會有困難的。

愛子公主的紫微命格是『天同、天空』坐命辰宮。遷移宮有『巨門化祿、擎羊、火星』表示她周遭的環境不好，是非多。而且這同時是『巨火羊』自殺的格局。她會因一時氣憤而自殺。時間多半在晚上七、八點鐘的時候。因為她的命格日主是魁罡命格很剛硬，會不聽勸。雖然表面溫柔，但很拗。我想這種事情實際已發生過了。可能在她小學被霸凌時不敢上學的時候，否則她的母親不會這麼緊張。據媒體報導：霸凌她的是嬌嬌紀子妃家親戚的小孩。可見德仁一家人在王室中生活的壓力了。

4 昭和天皇

昭和天皇（昭和天皇／しょうわてんのう）是日本第124代天皇（1926年—1989年在位）名裕仁（裕仁／ひろひと Hirohito）他是德仁的祖父。明仁的父親。明治三十四年（1901年4月29日，晚上10時10分）。

裕仁幼時也似乎繼承其父的遺傳多病的缺點。鑒於他的性格懦弱退縮，無法有控制日本內閣的能力，也無法負起戰爭責任，裕仁在 1945 年 8 月 14 日發表《終戰詔書》，宣布無條件投降，並向平民親自宣讀和錄音。

日本戰敗後，依照新憲法他完全失去政治上的實權，以作為日本國家與國民象徵而存在，此後他轉向科學研究、倡導和平（很諷刺）。

昭和天皇的八字：

辛丑
壬辰
日主　丁丑
辛亥

昭和天皇的日主是『丁丑』。『丁丑』是鑽木取火中的火花。鑽於木，故要用甲木引燃。以甲木為用神。若利用石頭激出火花，要用庚金作用神。鑽木取火，一定要火土乾燥，才能點燃。若四柱有辰丑，支聚偏西北二方，丁火就會滅了。

在裕仁的命局中，日主丁火生於辰月，戊土司令。會洩弱丁火之氣，因此必須先用甲木制戊土，引丁火。其次，用庚金劈甲引丁亦可。須庚甲都出干，能為有用之貴命。缺庚甲任何一個都為平庸之命格。

今此命局中，無庚甲出干，有二辛一壬出干，支上有丑、辰、亥，支聚西北方，丁火易滅，用亥中甲木為用神來救。因此性格懦弱膽小、沒主見。易受人控制。

裕仁的紫微命格為『天機居平』坐命巳宮，對宮遷移宮有『太陰、文昌化忌』相照，此人會頭腦不清，感情用事，又喜耍小聰明。他的身宮在夫妻宮。夫妻宮為『太陽化權、天梁、文曲化科』。裕仁自小就被種下崇尚武力的想法，而且自己也對陸軍大將乃木希典極為尊敬。在感情上他是個妻管嚴。只要是老婆說的，他都讚成。他無法駕馭軍國主義分子，為日後戰爭爆發及戰敗埋下隱患。二戰後由民意的代表人內閣總理大臣（首相）來掌權，使天皇從「如神般地位」，變為了象徵性的元首。

從裕仁的運程來看：1941年12月7日，日軍偷襲美國夏威夷群島珍珠港的海軍基地。翌日，裕仁頒布《對英美兩國宣戰詔書》，致使美國及其盟國加入對日戰爭，這年他剛好40歲，大運在戊子運，是戊土將丁火蓋滅的時候，因此做了笨事，頭腦不清。他的田宅宮是『破軍、陀羅、右弼』，表示會破家，所住的住處也會因某事而破爛不堪。在戰爭及戰敗期間，裕仁的日子恐也不好過。裕仁老年訪問西歐及美國，並對水產有很多研究，出版「水母的書」。這是在他逢甲運時，得到的好評與榮譽。昭和天皇享年87歲。對於他在青壯年所犯下的過錯，以自身懦弱的性格而賴以躲避戰爭責任而苟活。這對他以取《尚書》中的句子：「百姓昭明，協和萬邦」而改元『昭和』。實是一大諷刺。

5 明仁上皇

明仁（明仁／あきひと　；1933年12月23日生）是日本第125代天皇，年號為「平成」。1989年1月7日即位為日本天皇，2019年4月30日生前退位為上皇。

明仁上皇的八字是：

癸酉
甲子
日主　癸亥
乙卯

明仁上皇的日主是『癸亥』。『癸亥』為還原之水。它源自於崑崙山（西北方）流出，水氣通於乾亥，聲勢浩大，水天一色。若命局中有乙木，就如清風徐來，自然品德高貴。就像羲皇以上的神仙之人。因此每當日本有災難發生，如在1995年阪神大地震後，明仁曾發書面聲明鼓勵日本民眾。2011年3月11日發生東日本大震災與福島核電危機後，明仁天皇去慰問災區在大天災後鼓勵國民，都讓日本人民有深切的感動。這就是他命格中獨有的特殊力量。

在他的命局中，日主癸水生在子月，子中有癸水，天氣嚴寒冰凍，專用丙火解凍調候為用神。命局中有癸、甲、乙出干，支上亥卯會木局，四柱無火，卯中有一點丁火，命中財少困窘。67歲丁巳運、丙辰運等走財運時較平順。所以他早年歷經二戰戰敗，生活也困苦艱難。56歲登上皇位。

明仁上皇的紫微命格是空宮坐命酉宮，對宮遷移宮是『太陽、天梁』，因此他有超寬大的胸懷，不計較別人的是非，博愛待人。他的命格實際上就是悠閒散人的命格。所以做一個明顯的擺設，是最好的了。明仁於2019年4月30日「在世退位」（讓位）、德仁親王於5月1日即位並更改年號為「令和」。

6 上皇后美智子

上皇后美智子在1934年10月20日出生。1957年8月，美智子在輕井澤的網球場上認識當時為皇太子的明仁親王1959年4月10日，正式與明仁親王結婚，成為皇太子妃。

1989年1月7日，昭和天皇駕崩，皇太子明仁即位天皇，美智子也成為皇后。

2019年4月30日，天皇明仁讓位退休，改封上皇，美智子也一併讓位，改稱「上皇后」

上皇后美智子的八字：

	甲戌
	甲戌
日主	**甲子**
	庚午

上皇后美智子的日主是『甲子』。『甲子』為水邊衰退之木。必須干透戊土，

支有木庫根基，以丙火做用神，癸水藏支，品德可定。她的命局是九月甲木為『偏財格』。命局中，日主甲木生於戌月，有雙甲出干，支上午戌會火局，亦有庚出干制甲，甲木多，庚金制甲，有富貴。用壬水做用神。壬運登后座。但命局中有子戌相穿，子午相刑。會與父母、及公婆和子女的感情不好。

上皇后美智子的紫微命格是『武曲化科、文昌』坐命辰宮，對宮遷移宮是『貪狼、文曲』。所以她命格中有『武貪格』，每逢辰、戌年會爆發。因此會在1957年8月，在輕井澤的網球場上認識當時為皇太子的明仁親王。1959年4月10日，正式與明仁親王結婚，成為皇太子妃。此即為戊戌年爆發運的結果。戊土即為她命格的偏財運。她的個性剛直，講究規矩，一板一眼，規矩多，手臂往內彎。特別寵愛文仁。

7 秋篠宮文仁親王

文仁皇嗣（秋篠宮文仁親王／あきしののみや・ふみひと・しんのう，1965年11月30日—），日本皇室成員。文仁親王是上皇明仁及上皇后美智子的次子，德仁天皇的弟弟。目前其為皇嗣（皇太弟），同皇太子之待遇，尊稱秋篠宮皇嗣殿下。1965年（昭和四十年）11月30日，凌晨12時22分，出生。

畢業於學習院大學法學部政治學科、綜合研究大學院大學理學博士。當時還是太子妃的母親美智子表明「請亦關照禮宮」，因此可以與其兄一同接受帝王學的教育。

文仁親王的八字是：

乙巳
丁亥
日主　戊子
壬子

文仁親王的日主是『戊子』。『戊子』為『蒙山』。易經中說：『山下有泉曰蒙』。以山下有泉水之聲，空靈而響聲清澈之意。日主戊子的人，必須命局四柱干支中以財、官、印綬、食神所生扶的是何種元素而定用神。

文仁的命局中，日主戊土，生於亥月。亥月水旺秉令，土為濕土。有乙、丁、壬出干，支上丙火藏年支『巳』中，甲木藏月支『亥』中，但巳亥相沖，用神受傷。支上子子亥，水多，用丙火做用神。戊祿在年支巳中，故受祖父喜愛。但子巳相刑，丙和甲不透干，故不貴。未必能接皇位。

文仁的紫微命格是『巨門、右弼』坐命子宮，對宮是天機化祿相照。身命同宮。是口才好，是非多，極聰明，愛耍心眼的人。其父母宮為『天相』，會與父母感情好，嘴甜，討父母歡心。他的兄弟宮為『廉貞、貪狼、地劫、天空』，表示他根本不覺得自己有兄弟。所以當兄長德仁為妻子雅子辯駁時，他會出言教訓兄長。日本媒體有紀錄此事：『對於兄長德仁親王表示「事實上有人在否定雅子的職業生涯以及人格」後表態「希望兄長在進行發言前，先與陛下商討，謹慎地協商後再行發言，避免可能令皇室尊嚴受損的言詞」』。可見文仁的猖狂。

8 悠仁親王

（悠仁親王／ひさひとしんのう；2006年9月6日，上午8:27），日本皇室成員。秋篠宮文仁親王與文仁親王妃紀子的獨子，今上天皇德仁的皇侄，是目前最為年少的皇族，並被封位為親王。根據現在的皇室典範規定，悠仁親王為日本皇位繼承順位第二順位。其實他和愛子公主一樣都是試管胚胎再接種子宮所生出的小孩。現今的新生兒也大多採用此法出生。並且他也是剖腹產出生的小孩正合了該命格『魁罡演武之山』的格局，但對於武曲坐命的小孩由剖腹產生出帶有血光，財星是會受傷的。故而命中實際財不多。不過，做天皇由國家養，財不多沒關係。只是個性堅吝而已。

悠仁親王的八字是：

丙戌
丙申
日主　戊戌
丙辰

悠仁親王的日主是『戊戌』。『戊戌』是魁罡演武之山。必須要有劫刃、財星、食神，彼此相制相扶。忌辰戌相沖，和忌干支上下水多，為背水陣。在他的命局中，為戊土生申月，申月是金水乘權的月令。金旺則土虛，水旺則土蕩，流失。命局中有三丙出干，戊土生旺。支上申辰會水局，為財局。可惜無甲木洩水氣，故不聰明。仍然用丙火為用神。命局中日支與時支辰戌相沖，未來仍是子嗣艱難。

悠仁的紫微命格是『武曲、陀羅、右弼』坐於辰宮，對宮遷移宮是『貪狼、左輔』。命遷二宮形成『武貪格』爆發運格。有陀羅會慢發。但辰、戌年都會爆發。他的命格和祖母美智子類似，都是武曲命格的人。身宮在財帛宮，對錢財小心。但仍要小心在22歲至31歲間的馬年和鼠年，會有傷災和病災開刀之類的事，會影響性命。

東西兩大王室家族問題的共通點：

縱觀這東西兩大王室的問題。其實有部分共通點。

第一、王室中絕大多數的成員都命格較差，因此個性不好，也難教養。命格強勢的有英女王伊莉莎白二世、德仁天皇。雅子皇后的命格不錯，但運程不好，以致被欺負，導致憂鬱症。不過現在大運轉好了，可轉回笑顏。

第二、因為兩邊王室中的男性大都本命不好，因此要找外來的血源關係改善，實行優生學的改種計劃。例如：查理王子長得醜，故王室特別挑選了戴安娜。但結果差強人意，也沒增加他們的生活智慧。例如：德仁天皇較矮。幸八字相合，但兩人本命中都難有子嗣。引發家族中有人虎視耽耽的排擠與政治壓迫。

第三、這東西兩大王室選中的外來后妃女性，全都有爆發格（偏財運格）。例如：**戴妃**八字命格中有三個偏財，同時也是在食神生財的大運中結婚，榮登妃位的。

卡蜜拉的夫官二宮形成『武貪格』偏財運格。也是大運逢辛運偏財運時與查理王子結婚。

凱特王妃是夫官二宮形成『武貪格』偏財運格。也是大運逢庚運偏財運時與威廉王子結婚。

梅根是命遷二宮形成『鈴貪格』。也是在戊運偏財運的大運中與哈利王子結婚的。

日本美智子上皇后是命遷二宮形成『武貪格』偏財運格。也是大運逢偏財運時與明仁上皇結婚的。

雅子皇后是財福二宮為『武貪格』偏財運格。也是大運逢福德宮的偏財運時與德仁天皇結婚的。

由此可見，要嫁入王室，必須命格中要有偏財格。否則不足以增貴。

第四、身處王室之中，繁文縟節很多，因為在政治圈中，是非鬥爭也多。相對的，親人與家屬關係更因利益糾葛而複雜化。由其在等待接位的王嗣，常因待位六、七十年而遭人嘲笑。必須耐得住性子，才能不鬧笑話。像日本王室的王嗣會讀書打發時間。而英國王室王儲，除了查理王子會有特別的研究喜好，做生機蔬菜的研究之外，威廉和哈利兩兄弟的學問知識不及其父。將來會使英王室弱化或被取消。目前雖有伊莉莎白二世女皇在撐住，女皇逝世後，雖查理王子會立即接任，但再下任是否還存在，令人懷疑。

易經六十四卦

袁光明⊙著

這是一本欲瞭解《易經六十四卦》中每一幅卦義的工具書。

易經主要的內容與境界在於理、象、數。
象是卦象，數是卦數。
『數』中還有陰陽、五行等主要元素。
因此要瞭解六十四卦的內容，必須從基本的爻畫排列方式與稱謂開始瞭解，以及爻畫間的『時』、『位』、『比』、『應』等關係。
最後能瞭解孔子所說的：『易簡而天下之理得矣。』

二、國際政治人物

1 美國的拜登總統上任三把火

拜登的命格

美國總統選舉，拜登以優勢幾乎篤定當選，台灣因為選錯邊，正忐忑不安的等待國際情勢的變化。但我們可先瞭解一下拜登的命格，就能知道後續的台美關係之好壞了。

通稱喬・拜登（Joe Biden）是1942年11月20日生的。

八字是：

壬午
辛亥
日主　丁丑
己酉

拜登的日主『丁丑』，是鑽木取火中的火花。所以要利用甲木以引燃。因為丁火生十月亥月為日主弱，也必須有甲木生火救助。格局中就是要用『庚金劈甲引丁』才能主貴。幸亥月『亥』中有壬水及甲木，八字中有辛出干，支上又有丑酉會金局，會生壬水，壬水能生甲木，甲木會生丁火，如此循環相生相助。丁火在年支『午』中得祿。因此能得祖先庇佑。日主丁火的陽貴人在亥，陰貴在酉，故能在此高齡戰勝選舉。

拜登的紫微命格是『紫微化權、天府』坐命於寅宮的人。夫妻宮是『破軍、擎羊、鈴星』，在第一次婚姻中配偶及女兒車禍死亡。這個夫妻宮跟王建煊的很像。其實配偶都很兇，但會幫忙。今年（子年）拜登也是走這個『破軍、擎羊、鈴星』的流年運，還好庚子年2月已走過了。『紫微化權』就是有很強的復建能力，強力要變好。天府會愛享受、積財。他也有武曲化忌在財帛宮，他知道他不會管錢。他只要在政策上變錢出來就好。紫府的人，桃花是很多的。男女問題很多。他們思想開放、古怪、自私自利。表面溫和的他，會在某些事上也不比川普溫和的。

夫妻宮是『破軍、擎羊、鈴星』，表示其內在思想也會用極端古怪、陰險、耗費財力和生命也在所不惜，來達到自己自私的想法與目的的。難看的阿富汗撤軍即是一例。他寧願用更多的財力去圍堵中國大陸，也不願在阿富汗多花費一文錢。結果會成為敗局跟隱憂。

『紫微化權』的功能

之前說到拜登的命格有（『紫微化權』、天府），到底『紫微化權』有何功能呢？

『紫微化權』就是強力要復建，強力要變好。通常家中生出這樣的人，必定有一個重大危機要突破，多半是錢的危機。此人出生後，家中就借到錢或有貴人相助而得到捐款或生意，危機就過去了。

命格有『紫微化權』的人，都很強勢，自己決定一切。也喜歡用好的、吃好的，最重要的一點，就是家中多了很多無用的人靠他吃飯。因為命格中有『紫微化權』，在生活中有許多小確幸，好像比別人好運的多，因此家人都靠著他生活。『紫微化權』的人因為喜歡主宰事務，但卻不一定做出好的決定，也不在意。就像拜登次子杭特是個爛人，既吸毒，私生活也爛，但拜登仍慈愛的容忍他，予取予求。長子波伊很傑出，但癌逝。實際上家裡若父母為紫微的人，小孩是無法有出息的，只有離開家才行。所以他家的有出息的人就死掉了。劣幣驅逐良幣。命格中有紫微的人，其實都有些笨的。他們不想多花腦筋解決事情，常草率行事，像這次阿富汗撤軍，損失慘重。他也不過說說狠話要報負而已。但恐怕養虎為患，再一次的九一一事件還會發生。

要討好拜登最好裝可憐、裝弱勢，裝乖。他就會心疼你。給你一點糖吃。如果凶巴巴的裝強勢，會更讓他討厭，逐出朋友圈。拜登當選後要說對美國人有多好，那到不見得，但會撫平種族問題。和要解決新冠肺炎的問題。此時拜登的當選就是上天給美國人一次復建機會。但欠債更多、更增加軍費，無法節省是必然現象了。

在阿富汗匆促撤軍，也造成美軍一些傷亡和軍備的損失，讓拜登的聲望大受打擊。

② 過氣的老虎川普

唐納・約翰・川普（Donald John Trump，1946年6月14日生），美國共和黨籍政治人物，第45任美國總統。在踏入政壇前，川普也是企業家、房地產掮客、主持人、電影演員，他於總統任期內所秉持特有的意識形態、政治風格被稱為「川普主義」。

川普的八字是：

丙戌
甲午
日主　己未
庚午

川普的日主是『己未』。『己未』是種在土中如芋頭、甘藷之類的植物上所覆蓋的土。這些植物必須有土來深深覆蓋，才會長得好。這些植物喜歡乾燥、怕潮濕。日主己未的人，喜歡有火土來培植，怕命局中受到沖害。更喜歡命局中有會合化土（如甲己相合化土），忌有刑穿剝削，使命局受損。

川普的命局中，是己土生在午月，夏季火旺土燥，此時田裡的農作物已長出苗穗，必須有水滋潤，果實才會長得好。此時以調節氣候為最急切的條件，要以癸水為主要用神。但命局中有甲丙出干，己土很旺。支上又有午戌兩會火局，火土太旺，庚金雖出干，但無根。幸而胎元為乙酉。乙酉為井泉水。賴以繼命。

川普是『丙戌、甲午、己未、庚午』，今年（2021）75歲，大運已在庚子、辛丑運的末端，如果要爭取連任，會死在任上。他的日主是『己未』，八字中『午戌兩會火局』，辛胎元中為乙酉（納音水），因此得活，有爆發運。但前半生起起伏伏三次破產再起。逢辛丑運再起做總統。但命格火多的人受不起大水，壬運再逢壬年必有生命之憂，大概在 2022 年虎年的時候，命格火多會有心腎疾病，小命不保。

③日本前首相安倍晉三與現任首相菅義偉

前任首相

安倍・晉三（あべ・しんぞう、1954年9月21日）は、日本の政治家。自

由民主党所屬的衆議院議員。曾做過很多任的內閣総理大臣、自由民主党総裁（第21及25屆主席）、自由民主党幹事長、內閣官房長官等職。

安倍・晋三的八字是：

甲午
癸酉
日主　庚辰
甲申

安倍・晋三的日主是『庚辰』。『庚辰』為水師將軍。命局中必須有酉刃，或再有庚金多的命局，才能有果毅的性格指揮兵將。倘若有戊寅來扶助日主，也能辛苦經營事業。否則為一膽小怯懦一事無成的人。庚辰為水師將軍，不宜在陸地上行走，因此行水運吉，木火運及土運皆不吉。

日主庚金生於酉月，酉中藏辛金。月令酉又是庚金之陽刃，因此極為剛銳。此時秋季漸深，寒氣漸重。八月生庚金之人選用神以丙、丁為重。

安倍‧晉三的命局中，有雙甲出干，支上辰申會水局，又有癸水出干，水太多，性格冷，凶悍。丁火藏於年支『午』中，但年支午與月支酉刃，午酉相破，沖去了丁火，雖有甲木生助官煞，但為『陽刃駕煞格』之破格。幸胎元為辛未（路旁土），以土制水多。此命格有機會出將入相，但無法善終，因腸疾做不滿首相任期。

安倍‧晉三的紫微命格是『紫微、破軍化權、陀羅』。對宮遷移宮是『天相、地劫』。這表示他毅力堅強，善於戰鬥及開疆擴土，但常常有事會糾結在內心，又礙於情面不願說出來，只有自苦煩腦。他的身宮落在官祿宮，是『廉貞化祿、貪狼』。夫妻宮是『左輔、鈴星』。這種夫妻宮本來是會離婚的，有二婚狀況。但其妻昭惠（旧姓〆松崎）。現為森永製菓社長〆松崎昭雄的長女。他們沒有子女。由此可見夫妻感情之淡薄。但他的夫官二宮形成『鈴貪格』。在49歲眾議員選舉已爆發過了。在日本首相中安倍‧晉三算是狠腳色。

前任首相

菅・義偉（すが・よしひで、1948年12月6日）は、日本首相。自由民主党所属的衆議院議員、内閣総理大臣、自由民主党総裁（第26屆）。

菅・義偉的八字是：

戊子
癸亥
日主　乙丑
壬午

菅・義偉的日主是『乙丑』。『乙丑』為泥中剛植下之木。最喜歡氣候溫暖、有陽光、水來滋潤的環境。若是乾旱或水災來侵害，會受到摧殘，一生刑剋而不順。

菅・義偉的命局中，是乙木生亥月，亥月壬水司令，木氣在長生之地，丙火為絕地。冬季生乙木，必須陽和日暖才會繁茂榮盛。故很需要丙火照暖。

此命局中，有壬水出干，又有戊癸在干上，戊癸相合不化（因為支上無火局，故不能化火），支上亥子丑代表北方，一片水氣多，幸戊土沒有被合去，專用戊土財星為用神。菅・義偉在42歲戊運大發，現73歲在辛運，辛苦不討好。雖接任安倍・晉三的任期餘年，但無法繼任。他很可能身體有肝病也體力不佳。

菅・義偉的紫微命格為『廉貞、天相、擎羊』坐命午宮。是有名的『廉相羊』之『刑囚夾印格』。因此性格會懦弱，沒有擔當。表面上他在黨內外不得罪任何人，實際上也沒有擔當重任的能力。因此在東京奧運會的舉行上、及covid-19病疫上處理並不如預期積極。疫情的狀況仍很嚴重。他只是一個幫安倍・晉三完成剩餘任期的替代品，終究是無法勝任首相職位的人。

2021年新任首相

岸田 文雄

岸田・文雄（きしだ・ふみお、1957年7月29日）、日本政治家。畢業於早稲田大学法學系。自由民主党所属的衆議院議員、自由民主党広島県連会長。内閣府特命担当大臣（沖縄及北方対策、規制改革、国民生活、再挑戦、科学技術政策）、外務大臣、防衛大臣、自民党国会対策委員長、自由民主党政務調査会長、自民党議員連盟副会長等等的歷任。

岸田・文雄成為第100任内閣總理大臣（首相）。出生於東京都澀谷區。廣島縣選區選出的日本眾議院議員。1993年至今連續當選8屆眾議院議員，1997年3月曾隨時任自民黨青年局長安倍・晉三率領的議員團訪問台灣。2012年至

2017年擔任外務大臣，是二戰後任期第二長的外相。是日本自民黨內堅定的溫和派，將繼續強化日美同盟，支持印太區域的自由與開放，並且以務實而強硬的態度處理中國事務。

岸田・文雄的八字是：

丁酉
丁未
日主　壬寅
甲辰

岸田・文雄的日主是『壬寅』。『壬寅』是雨露滴入沙土中，只見滴入，不見流出。日主壬寅的人，多半主富。命局中有甲木透干，多半以武貴發跡。怕見支成火局，或火土太炎燥，或水太多，金太頑，會為愚頑之人。

岸田・文雄的命局中，是壬水生未月，未月己土當旺，有乾涸的可能，有雙丁一甲透干，辛金藏酉中，主異途顯達。因此要用金生水來助命。用年支酉中辛金為用神。此命格中，寅辰夾卯代表東方，寅未六合也是木氣，干上兩次丁壬相合化木，又有甲木出干，命局怪異。本命日主『壬水』被木氣洩弱吸乾，辛金不足以剋去木氣，是食神強身弱的格局。目前2021（64歲）還在辛運，68歲逢庚運時會大有作為。

岸田・文雄的命局中，是庚金少的命格，故其人多半做好好先生不得罪人，而等待時機。未來他也會遵從前首相安倍・晉三的政策推行，不會有多大改變。對於新冠肺炎對經濟的傷害，他也只是發錢而已。表面上努力復甦經濟，實則方法困難。

岸田・文雄的紫微命格為『右弼』坐命辰宮。對宮遷移宮有『天機化科、天梁、左輔』相照。這表示說他性格內向，喜窩在家裡。性格有些小男人，但為了做政治與選舉，則必須與許多人交往。但又不想得罪人，會有些圓滑牆頭草。他天生有很好的貴人運，會有長輩貴人來扶助他。他的命格和小泉純一郎很相似。

● 岸田主張國民養老金和養老金財政一元化的調整。

● 主張再次為國家轉讓的三位一體的都道府縣所轉讓的工會議所的事業費、人事費等財源。

● 他在2020年自民黨總裁選舉中有『kisshi』的愛稱。在2021年總裁選之際，又有『起跳點』的稱呼。這就很明顯了

● 2020年岸田在9月第一次出版著作表達理想。訴諸廢核的著作。

● 像『加藤之亂』一樣，他把政治生命做押寶的賭注。他不樹敵，通常以溫厚、不做敵人的性格被廣知。在總裁選舉中，在民營廣播節目中被主持人稱讚其人品是『沒有敵人』。他回答說：『因為若都是敵人能睡著嗎？』在《Daily 新潮》雜誌上被寫成『特無聊的男人』。

● 岸田被稱為『政界頭號帥哥』。2017年岸田在當外長時，《周刊女性 PRIME》稱其為『帥哥大臣』。鄰國韓國也稱讚岸田為英俊的、知性的、好鎮定的表情、洗練講究的外表，其讚賞度提高了。2015年得到了日本政界部門眼鏡最講究及服飾獎。

●岸田的血型為AB型。

●岸田的座右銘是『天衣無縫』和『春風接人』。

●岸田喜歡的食物是廣島雜菜燒、牡蠣、納豆、大阪燒。更喜歡自己妻子做的雜菜燒煎餅，就連總裁選舉之夜也吃了這個。

●岸田是動畫片及漫畫迷，YouTube等也常努力看其中能成為話題的漫畫。他把『鬼滅之刃』全本書讀破了。

●岸田把『宏池会』的創立者池田勇人當作漫畫主人翁的『疾鋒的勇人』，藉以提高其地位與知名度。

●岸田的勝利是因為展現好人緣，堅守沒有敵人。但這種作風雖可使自己爬到頂峰，但真正能為日本國民能作多少事，這也是讓人極為擔心的啊！

八字王

自民黨總裁競選對手

河野・太郎

河野・太郎（こうの　たろう、1963年1月10日）は、日本政治家。自由民主党所属的衆議院議員。行政改革担当大臣、国家公務員制度担当大臣、新型 covid-19 感染症疫苗接種推進担当大臣、内閣府特命担当大臣。內閣總理大臣臨時代理就任順位第4位。歷任防衛大臣、外務大臣、国家公安委員会委員長、内閣府特命担当大臣（規制改革、防災、消費者及食品安全〈第3次安倍第1次改造内閣〉）、自由民主党行政改革推進本部長、自由民主党幹事長代理、法務副大臣、総務大臣政務官（人事、行政管理、行政評価、恩給、統計等等舊総務庁関係的業務担当、衆議院決算行政監視委員長外務委員長等職歷任。

2021年競選自民黨黨魁及首相一職而失敗。

河野・太郎的家族事政治家庭，其父河野洋平曾任自民党総裁、副総理兼外務大臣（外交部長）、內閣官房長官、科学技術庁長官、衆議院議長等戶十卜職務。他的弟是河野二郎，開設日本端子公司社為社長。

河野・太郎的八字是：

壬寅
癸丑
日主　癸丑
丁巳

河野・太郎的日主『癸丑』。『癸丑』是溝渠中含有泥漿的水，氣息鬱悶。一定要用干支乙卯去疏通氣息，才能有益處。用甲寅也可乘風破浪而順遂。最喜歡有丑未相沖，怕見子丑相合化土，有戊土透出干的也不好，戊癸相合而不化的，會昏愚以利為重。

河野的命局中，是日主癸水生於丑月，時值嚴寒，丑宮濕泥寒凍，萬物皆生長不易，必須要專用丙火調候為用神。命局中有壬、癸、丁出干，支上丑巳會金局。可惜不是丙火，而是丁火出干，丙火藏支於寅、巳之中。『金溫水暖』是差一點的。勉強能出類拔萃，容易是才學高，成名不足的人。即使做首相，也成績平平。

河野的紫微命格是『廉貞、鈴星』坐命申宮，對宮有貪狼相照。他本性有怪癖，本命是『鈴貪格』，有爆發運。虎年及猴年有爆發運。2021年58歲大運及年運都不算好。65歲猴年才會爆發。他的身宮落在夫妻宮，是『七殺、火星、天空』，表示他很重感情，但又是暴躁、易怒、易藏於胸中。把很多理想和計劃都藏於胸中而成空。他的官祿宮有『武曲化忌、天府、擎羊』，最後會因錢財不清或收賄而丟官。

4 英國首相因子女眾多負擔重不想幹了

亞歷山大・鮑里斯・德菲弗爾・強森（Alexander Boris de Pfeffel Johnson，1964 年 6 月 19 日），英國保守黨籍政治人物，現任英國首相及保守黨領袖，也是一位通俗史學家（英語：popular history）和文學作家，早年曾任職於傳播媒體界。

強森出生於美國紐約，父母均為英國人，父系帶有土耳其裔血統，幼年家境寬裕，其曾於布魯塞爾歐洲學校、阿什當宅第及伊頓公學就讀，後考入牛津大學貝利奧爾學院修讀古典學，並於 1986 年當選牛津聯盟主席。年輕時，強森先後任職於《泰晤士報》及《每日電訊報》兩家報社。兼任 BBC1 電視節目策劃。加入保守黨後，強森曾當選國會議員，並在麥可・霍華和大衛・卡麥隆兩位保守黨領袖的領導下進入影子內閣，其自身的政治立場大部分與保守黨相同。

他患有嚴重的耳聾，不得不藉助助聽器。強森和妹妹弟弟很小時就被鼓勵參與高層次社會活動和挑戰一些高難度的事。除了兄弟姐妹之外他沒有別的朋友，兄弟姐妹之間變得非常親密。

強森能講流利的法語和義大利語，德語和西班牙語也很出色，尤精熟拉丁語，經常在他的報紙專欄和演講中參照拉丁語格言。

強森時常在電視上露面，還呈現一頭金色亂髮的樣子令人印象深刻，並持續發表內容尖銳的聲明與撰寫書籍和專欄，這讓他迅速成為英國最受矚目的政治人物之一。

他的政績：他在首個任期內實行了禁止在公共運輸工具內飲酒、支援金融業發展和建設公共運輸設施。於 2012 年大倫敦市長選舉中勝利。並連任成功。2016 年進而成為英國政壇中脫歐派的領導人物之一。繼而成為外交及國協事務大臣。2019 年強森參加了保守黨內繼任黨領袖及首相的競爭，當選新一任保守黨領袖，並正式接任首相及大英國協輪值主席職務，成為英王伊莉莎白二世在位時期第十四位英國首相。

強森是備受爭議的政治人物。他能吸引非傳統的保守黨選民的支援，像是工人階級出身的選民和非保守黨的疑歐派選民。但他亦同時被批評奉行菁英主義、排外、任人唯親、懶惰和不誠實。

八字是：

甲	庚	己	庚
辰	午	亥	午
		日主	

強森的日主是『己亥』。『己亥』是在水澤之地種稼穡的土。淤泥潮濕，很少能見到陽光。為陰濕之土，故喜有陽光的照射。日主己亥的人，最好是命局中丙火多，則易果實秀麗，人生有成就。若命局中多遇陰雨，再有陰木（乙木）高張，會損福壽。

強森的命局中，己亥生午月中有丁己祿，此時田中的禾稻已長出稻穗，必須有水滋潤，果實財會豐美。己土為衰竭之土，故要以調節氣候為最急切的條件，故要以水為主要用神。但強森的八字中，支上有雙午，雖不是火局，卻也火旺。又有甲木出干，火更旺。雖然年支『辰』中有癸水，日支『亥』中有壬水。但辰中癸水是水墓。故用壬水為用神解炎。干上有兩庚，可生壬水。因為壬水是己土的偏財，故他再靠運程可在政治上發揮。也因為偏財在日支上配偶之位，故外遇多。而這些和他有染的女人全是對他有利的。也因為八字中財少，當心中感覺窘迫時，便會向外尋找可救助他的人，這也是他不斷外遇的原因。

強森的紫微命格是『貪狼』坐命子宮的人，子宮原本就是沐浴桃花之地。這種命格原本桃花重。遷移宮是『紫微、右弼』。表示在他的環境中，不論遇到多尷尬丟臉或緊縮窮困的事，都會有女人幫忙愈變愈好。所以他的某些外遇事件或許和錢財有關。但有時不小心便生出小孩出來了。強森的田宅宮是『太陽化忌、天梁、擎羊』。表示說他家裡是女性主導，太太在管錢的。男人不准說話，但家中始終不夠花，是個無底洞。他的財帛宮是『破軍化權、火星、左輔』，表示說他無所不用其極的拚命打拼賺錢，但錢財總像火星子一樣一閃即逝，賺不多，卻很快不見了。這種人很容易收賄。他的心裡到底怎麼想的呢？

我們看他的夫妻宮。夫妻宮代表人內在的想法。他的夫妻宮是『廉貞化祿、天府、文曲』。表示說：在他內心深處，就是想把與任何人的接觸，變成一種圓滑的社交關係，他用盡自己的一切才藝手段，來展現使人感覺有趣、又能親近自己，或對自己有利的氣質氛圍。自然他的老婆也必須具有這種好的社交能力，才會吸引他。不過這些女人往往在成為老婆後，漸漸失去某些功能。是故在他隨處打獵之餘，也不乏自動送上門來的小獵物。他只是在尋找幫他找錢的人罷了。

至於他的懶惰和不誠實我們要看他的官祿宮，是『七殺、文昌、鈴星』，表示他會在文職工作上打拼。他有古怪的聰明，會表面看起來忙碌，裝氣質，並用自己的小聰明打拼忙碌一些浮面的事情，以證明有努力工作。在他的內心有許多小秘密，是不太能與人分享的。是故也無法對人誠實以對。

在普內爾所寫的強森傳記中（Purnell, Sonia. Just Boris: Boris Johnson: The Irresistible Rise of a Political Celebrity〔中譯名：鮑里斯 • 強森：政治名人的不可抗拒的崛起〕），他說：強森有目的地培養了一種「半散漫的外表」，例如當他公開露面之前，他會刻意讓他的頭髮呈現出散亂的外觀。普內爾把他描述為「狂熱的自我推銷者」，他的生活充滿了「有趣和笑話」。安德魯‧克林斯稱為「小丑」，強森說：「幽默是一種工具，你可以用來給藥丸加上糖衣（美化討厭的東西），並得到你想要的重點。」普內爾指出，同事們經常表示，強森利用別人使自己受益。傳記作家安德魯‧金森注意到強森是「我們時代的偉大奉承者之一」。普內爾指出，他使用「一點幽默和一大堆虛張聲勢」轉移了人們對嚴肅問題的關注點。

強森表面上有三次婚姻，出軌紀錄無數。2020年還和新的小三結婚。名下也有私生女。據說他的子女有十幾個之多，因為要養這些子女與家庭開銷，他常抱怨首相的薪水太少，英國保守黨議員爆料，首相年薪僅15萬402英鎊（約新台幣570萬元），無法單靠這份薪水過生活，據說他很眼紅前首相梅伊，自卸下首相身份後，光靠巡迴演說就賺進100多萬英鎊。

觀命‧解命

5 德國總理─安格拉・梅克爾

安格拉・多羅提亞・梅克爾（Angela Dorothea Merkel，1954 年 7 月 17 日），婚前姓卡斯納（Kasner），德國基督教民主聯盟籍政治家、物理及量子化學家，現任德意志聯邦共和國總理。

畢業於萊比錫大學，修有物理學碩士及量子化學博士專業，並在德語外還通曉俄語、英語、法語。

1989 年進入政界，1990 年起陸續在聯邦政府內閣中擔任過德國聯邦家庭事務、老年、婦女及青年部、德國聯邦環境、自然保育及核能安全部部長等職並在 1991 年當選為德國聯邦議院議員。2000 年當選為德國基督教民主聯盟黨首，2005 年 11 月出任德國總理至今。梅克爾是德國歷史上首位女性總理。

梅克爾的八字是：

甲午
辛未
日主　甲戌
辛未

梅克爾的日主『甲戌』。『甲戌』是生長在土堆之中的松杉之木。須厚土培植它。以雨露（癸水）滋潤其根莖。喜生時得時，忌氣候不和，四柱沖戰刑剋為不佳。

在此命局中，日主甲木生於未月，四柱有二甲出干，木氣極旺，未為木庫。支上又有午戌會火局。能剋制辛金。此命局為兩甲、兩辛出干，稱之『兩干不雜』。局勢清純。但甲木坐在戌上，戌是火墓。兩旁又有未戌填土，土為甲墓之財，會形成財多身弱。用胎元『壬戌』中的壬水為用神。因為未戌相刑的原因，故再婚。她的命格中因甲木多，故學問高。

梅克爾的紫微命格是『七殺』坐命子宮的人。對宮有『武曲化科、天府』相照。所以梅克爾注重經濟問題，奉行「經濟友好路線」。但被批評在人權方面過於謹慎，受到多方指責。

梅克爾的夫妻宮有『紫微、天相、鈴星』，表示她的內在感情重視高尚的愛好。也會有些古怪的創意的思想。她熱愛歌劇，尤其喜歡華格納與悲愴及命運有關的所有作品，做事有條理有計劃，從容不迫。她在思索問題時，首先會要全面徹底了解事情，要看事實，喜歡了解事情的反面。因此，梅克爾會動手分析她對世界的認識，估量證據，收集事實，再權衡出一個淨值出來。梅克爾欣賞沈默緘默，安靜沉著的人。她所有信得過的人都能保持沈默。

若有人不符合梅克爾的期待，她會變得非常冷淡簡慢，甚至挖苦對方。

在結盟黨派的黨魁，或跟其他國家的領導人交流方面。她不容許自己冷硬，甚至禁止流露出好惡。在交友方面，梅克爾對共事者始終保持距離及尊敬，即便是從 1995 年開始至今擔任辦公室主任包嫚，也一直都以「您」互稱，不直呼其名。可見她的謹慎。

德國總理梅克爾即將在 2021 年 9 月 26日大選後卸任，這位已經執政 16 年的「鐵娘子」不僅得到國內民眾的廣泛支持，在西歐多國中也是最受歡迎的領導人，多國領袖對她也是讚譽有加，認為她帶領歐盟度過數次危機，走到今日的地步。梅克爾在氣候變遷以及難民議題上處理有方，並帶領國家度過危機、帶動經濟成長。

6 梅克爾之後的德國政治領導人奧拉夫・蕭茲

奧拉夫・蕭茲（德語：Olaf Scholz，1958年6月14日），德國政治人物，德國社會民主黨黨員、代理黨首。2018年3月德國社會民主黨與德國基督教民主聯盟完成組閣談判，被任命為德國副總理、財政部部長。2021年，領導社民黨贏得聯邦議院選舉，擔任德國總理。曾經在2001年5月，擔任漢堡市內政局長。2002年11月，擔任德國社會民主黨總書記。2007年擔任德國勞動和社會事務部部長。2011年3月起擔任漢堡市市長。2018年2月，任德國社會民主黨代理黨首，同年3月被任命為德國副總理、財政部部長。

蕭茲的八字是：

戊戌
戊午
日主　壬戌
丁未

蕭茲的日主是『壬戌』。『壬戌』是『驟雨易晴』。是下一陣急促猛烈的雨之後又放晴了。這是比喻日主壬戌的人的人生形態。此命格的人，總是有好機會又錯過。又會柳暗花明又一村，在看起來沒有機會時，又逢奇遇。

蕭茲的命格中，是壬水生於午月。休囚已極，午中有丁己同宮，是財官兩旺。但壬水極弱，而不能任財官。必須用劫印生助日主才行。他的命格是壬水生午月，休囚已極，有雙戊出干，戊土壓住日主的壬水，又有丁火出干，日干和時干丁壬相合不化，支上午戌兩會火局，全無金水，為『財多身弱』。是富屋貧人的命格，不能作『從財格』。因胎元為己酉。酉宮仍算是壬水有根。本命有火無水為僧道之命。不過他 2018 年有結婚。以戌中辛金為用神。他在甲運 63 歲之際，甲木剋去雙土，而大選成功，登上高位。

蕭茲的紫微命格是『武曲、鈴星』坐命戌宮。對宮遷移宮是『貪狼化祿、陀羅、天空』。這是一個很窮的財星命格。他的武曲完全發揮在政治鬥爭上，所以不在乎錢。因此財帛宮是『廉相羊、地劫』，是『刑囚夾印』格加地劫。因此在錢財上被欺負吃虧到錢財光光。所以他做再高的官也是沒錢。幸而僕役宮是『太陰化權、文昌』，會有能幹精明會算帳的女性來幫他理財收錢。所以他結婚也是對的。奧拉夫•蕭茲(Olaf Scholz) 與社民黨政治家布麗塔•恩斯特 (Britta Ernst) 結婚。這對夫婦在 2018 年搬到波茨坦之前住在漢堡的阿爾托納區。

德國 2021 年聯邦眾議院大選 9 月 26 日開票的結果，社會民主黨（SPD）一雪被基民盟（CDU）壓制 16 年的沉悶，成為得票最多的政黨，準備展開組閣談判。觀察德國各家民調可以發現 4 個月以前社會民主黨獲得的支持度才 15 %，連基民盟的一半都不到。其中到底發生什麼變故？

這是因為蕭茲的大運正趕上撥雲見日的甲運，剋去戊土而頭腦清楚了。以前都在笨運，鬥不過梅克爾。並且紫微大運在『武鈴貪』的雙爆發運上，逢上爆發。因此大勝。

7 法國總統—馬克宏及夫人碧姬・瑪莉-克勞德・馬克宏

艾曼紐・尚-蜜雪兒・弗雷德里克・馬克宏（法語：Emmanuel Jean-Michel Frdric Macron；1977 年 12 月 21 日），法國政治人物，現任法國總統（第 25 任）和安道爾親王。精通英語，投資銀行家出身他於 2016 年 4 月 6 日成立了名為「共和國前進！」的政黨，並且在 2017 年法國總統選舉中勝出，以 39 歲的年齡成為法國歷史上最年輕的總統。

馬克宏的八字是：

丁巳

壬子

日主 壬子

丙午

馬克宏的日主是『壬子』。『壬子』是氣勢滂沱的大水。必須要有以煞制刃用清流砥柱來力挽狂瀾。再加上印綬（庚辛金）、食傷（甲乙木），與官煞（戊己土）相互來制伏它，如此才會有富貴前程。

在馬克宏的命局中，壬子生子月，子月是壬水的陽刃之地。旺逾其度。必須用戊土制水，子月氣候嚴寒水土皆凍，一定要用丙火才能解凍。在此命局中，有丙、丁出干，而無戊土，故是汲汲營營的人。個性上有某些不實在。從小就有大志向，不同於一般人。會貪赧更大的東西。如政治上的地位、權力等物。

馬克宏為何會和大25歲的女人結婚

馬克宏的八字在年支與月支『子巳相刑』，月支與日支又『子子相刑』可見父母家中不和。與父母感情淡薄，是個孤單寂寞長大的人。但志向遠大，幼年時大概就自己做夢一下。到高中時認識這個老師，感覺志趣相投。馬克宏對政治有興趣。碧姬也曾參加過選舉，雖失敗，但了解了某些參選的細節與檯面下的訣竅。常和馬克宏討論。因此馬克宏有了心腹幫手。成為他一步步邁向政治頂端的強大助力。他本性就是一個汲汲營營於權力地位的人。而且他的日支和時支『子午相沖』，他也根本不喜歡小孩。沒小孩沒關係，所以敢娶年紀這麼大的妻子，只為達成登上總統之位，歷史上留名。

馬克宏的紫微命格是『紫微、祿存』坐命午宮。身命同宮。對宮遷移宮是『貪狼、右弼』。表示此人性格保守小氣，又自以為是，自命高尚，自命非凡。因為有祿存的關係，身體及臉也較瘦。他周圍有讓他十分或雙倍可以貪心的東西。紫微的人本身就很政治，所以他很年輕時就把眼光瞄準政治圈了。他和家人不合。父母宮是『擎羊』，兄弟宮是『天機、陀羅、天空、地劫』，他和弟弟妹妹少來往，生活很孤寂。他的夫妻宮是『七殺、文昌、鈴星』，表示他的內在感情很乾脆，決斷性很強，脾氣壞，但碧姬的脾氣好，能補足馬克宏的衝動弱點。

馬克宏父親是神經學教授，母親是醫學博士，父母親於 2010 年離婚。馬克宏有一個弟弟及一個妹妹。馬克宏與祖母很親密，大部分時間與她住在一起。

馬克宏在亞眠讀高中。碧姬曾是他的高中老師。在巴黎第十大學學習哲學，獲得高等深入研究文憑（DEA）學位。之後他進入巴黎政治大學進行學習。馬克宏 2004 年至 2008 年在法國經濟財政部擔任財政督察。在 2012—2016 年，他是歐蘭德領導的社會黨政府的成員。2012 年至 2014 年，他是歐蘭德總統時期的總統府副秘書長。2014 年曾任經濟、產業更新和資訊科技部長。

馬克宏在 2017 年 5 月 14 日就職總統。大功告成。

2018 年 11 月，有「黃背心運動」，是不滿馬克宏政府計劃提高燃油稅的民眾發起的。2019 年底 12 月，法國多個工會聯合發起大罷工。

碧姬・瑪莉-克勞德・馬克宏（法語：Brigitte Marie-Claude Macron，1953年4月13日）是法國總統埃瑪紐耶爾・馬克宏的妻子，過去是一名高中教師。

碧姬・馬克宏，本名碧姬・瑪莉-克勞德・托涅，出生於法國亞眠，是六個孩子中的老么。父親是家傳五代的托涅巧克力店的老闆。

1990年代，她在亞眠的耶穌會學校天佑高中（Lyce la Providence）擔任法文和拉丁文老師。馬克宏是她文學課的學生，馬克宏也修讀碧姬的戲劇課。女方年長男方近25年，對於這段感情，馬克宏表示：「愛情往往是隱晦而暗藏的，在真正現身之前，經常被人錯誤理解。」

碧姬曾於1989年競選過特呂什特賽姆的市議員，但沒選上。可能因為這此選舉，她洞悉了選舉的內在竅門。故可在馬克宏總統之路的競選上幫得上忙。曾有顧問這麼形容：「碧姬的存在對馬克宏來說至關重要」。因此他們是選戰上的生命共同體、好搭檔。馬克宏表示，碧姬在他的勝選中「將繼續扮演長久以來和我並肩的角色，她不會被神隱。」

碧姬之前曾有一段婚姻，育有3名子女。於2006年離婚，2007年，碧姬與馬克宏結婚。

碧姬的八字是：

癸巳

丙辰

日主　甲午

丙子

碧姬的日主是『甲午』。『甲午』為工匠砍鑿之木。必須有刀斧工具運用，才能成為棟樑器具。若四柱有『辰』、『亥』，財祿更佳。

此命局中，甲木生辰月，為暮春，木氣將盡，土旺秉令。辰中有溼土，木賴以枝茂蔭濃。此時木氣已老，必須四柱有庚金、有壬。但此命局中有雙丙出干，庚金藏『巳』中，為『鈍斧無鋼』之格局本為無用之人。但支上子辰會水局，出生在穀雨之前，有水局，才學高主貴。用癸水做用神。大運在壬運64歲時當上第一夫人。

他們夫婦倆都感染過COVID-19。但都痊癒。馬克宏夫婦在八字上是相互須要的。例如碧姬的命局中須要水。馬克宏的本命就是壬水。馬克宏須要戊土制水，碧姬的命中三月辰土及雙丙，能在財、官上都能幫忙。因此他們打破了世俗的年紀的隔閡，攜手在政治上前進。

8 世衛秘書長譚德賽的命格

譚德賽（Tedros Adhanom Ghebreyesus；1965年3月3日），也譯作特沃德羅斯・阿達諾姆・蓋布雷耶蘇斯，衣索比亞政治人物、學者、公共衛生領域專

家，提格雷尼亞人。2005 年至 2012 年在衣索比亞政府擔任衛生部長，並於 2012 年至 2016 年擔任外交部長。自 2017 年起擔任世界衛生組織幹事長。

譚德賽的八字是：

乙巳
戊寅
日主　丙辰
癸巳

日主是『丙辰』。『丙辰』為日經天羅。辰宮為天羅宮，丙火為太陽，故稱之。辰亦為墓宮。故太陽行經此地，有滯殆現象。白天生人要命格中有多個陽干來扶身。才能中和成為上格。

在譚德賽的命格中，是丙火生寅月，寅月三陽開泰，火氣漸趨炎熱。正月生丙火之人，選用神以壬水為首要。此命格中有乙、戊、癸出干，但無甲木在干上。支上寅辰夾卯，合東方之局。可制戊土，幫扶丙火。支上有兩『巳』，為丙祿。辰中有癸水，但為水墓。仍要專用癸水做用神。寅巳相刑。正月丙火之人，行東南運程輔助，故可步步高陞有富貴。在50歲癸運，用神得地，擔任世界衛生組織幹事長。

譚德賽的紫微命格是『廉貞、天府』坐命戌宮。對宮遷移宮是『七殺、擎羊、地劫』。表示他非常善於社交。很會拉攏人。雖然環境不佳，多是非，但有時也會心狠手辣的。

在譚德賽命格中，最好的格局就是僕役宮（朋友宮）有『太陽、天梁化權、祿存、鈴星』。表示有長輩朋友的強力照顧，很得力。在2019年開始的冠狀病毒病疫情期間，曾有人發起要求世界衛生組織幹事長譚德塞辭職的網絡連署。美國國會議員也大肆撻伐他，但南非總統西里爾•拉馬福薩、法國總統馬克宏、聯合國秘書長安東尼歐•古特瑞斯等領導人也對譚德塞大力支持。背後最重要的有中共老大哥的支持，譚德賽得以過關。

9 習近平的政治謀算

習近平（1953年6月15日），祖籍河南鄧州，籍貫陝西富平，生於北京，中國共產黨、中華人民共和國政治人物。現任中國共產黨中央委員會總書記、中華人民共和國主席、中央軍事委員會主席。1979年畢業於清華大學化工系基本有機合成專業，2002年獲清華大學馬克思主義理論與思想政治教育專業法學博士。

習近平的日主是『丁酉』，『丁酉』是有玻璃罩的燈光，夜生者佳白天生人，也會性格清亮。此命格的人喜命格中有壬水、乙木。怕癸水及甲木。忌四柱有午、卯相刑沖，會有破耗及刑剋。

習近平的八字是：

癸巳
戊午
日主　丁酉
壬寅

在習近平的命局中，日主丁火生於午月，午中有丁己祿，丁火月逢建祿，丁火生旺，支上巳酉會金局。支上有午戌會火局，干上戊癸相合化火，火重身旺。年干上有一癸水戊癸相合化木，但癸水已被合去，巳酉會金局，是財局。命局中是金火相剋。日主丁日在月支午中得祿，環境天生就是好，真正會賺錢的應該是他。今年他68歲，大運又在辛運（偏財運）上，通常財運都是最旺的旺運。所以他整頓大陸金融業，倡導毛澤東的『共同富裕』。實際把金融界的財力、權力收歸中央政府。

習近平的紫微命格是『貪狼化忌』在辰宮。遷移宮是『武曲』。由此你該知道：**為何習近平那麼愛效法毛澤東了？**

因為他們命格相同。但是也有不同。毛澤東生於1893年12月26日，毛澤東的命格是『貪狼化忌』在午宮，遷移宮是『紫微、右弼、祿存』。

毛澤東的八字是：

癸巳
甲子
日主 丁酉
丙午

你看這兩組八字是不是很相像？

習近平和毛澤東的八字中，都是生於『癸巳年』，與『丁酉日』。只有月份不同，和時辰不同。最重要的：他們生存的年代不同，一個生存於十九世紀的末期一個生存於二十世紀的中期以後到二十一世紀。世界變化與其國內的環境都不同，再像的八字與命格，也會有不一樣的人生與結果的。

命格是『貪狼化忌』的意思是：其人喜歡貪赧奇怪的東西，不同於常人。

他們會脾氣古怪，情緒不穩定，忽喜忽憂。如果突然討厭誰了，必置之死地。貪狼坐命的人，都有狼的個性，即使自己吃飽了，也不容他人分享食物，除非是自己的子息小孩或自己人。別一團的狼群也是當敵人來對待的。他們天生有鬥爭的天性。他們善於偽裝，先裝作大善人的模樣，得權之後，模樣就翻轉了。最好與之保持距離，他也偶而會對你好。近在身邊的人常遭懷疑。是真正的伴君如伴虎。

『貪狼化忌』的性格讓其不按常理出牌，衝破了各方的掣肘：先是打破了以往的權力框架，成立了很多新的領導小組，將諸多權力收歸己有；其次，弱化江派幾個常委的權力，在一些方面將他們架空；同時，通過對軍隊、武警主官的調動、查處、任命，毛習都將「槍桿子」軍隊和「刀把子」政法系統盡可能掌控在自己手中，以免除軍隊、武警政變的後顧之憂。

『貪狼化忌』的性格讓其頻頻亮出了「打虎王」的信號，近一段時間針對江澤民的一系列舉動以及「開弓沒有回頭箭」、「腐敗沒有『鐵帽子王』」、「反腐上不封頂」等言辭無疑彰顯其的上述性格特徵。

10 金正恩危險了

最近CNN新聞報導北韓金正恩心臟手術病危的消息。令很多人關心。

他是西元1984年1月8日生（2021年37歲）。

金正恩的八字是：

	癸亥
	乙丑
日主	辛丑
	甲午

金正恩的日主是『辛丑』。『辛丑』為胎息之金。須要印綬（己土）相扶，又

要食傷（壬癸水）使之揚眉吐氣。太陽（丙火）、砂水（土和水）是辛丑的最佳拍檔。冬天喜有火來溫暖。

此命局中，日主辛丑生於丑月，丑中有己、辛、癸。丑月是己土乘權當令之時，又是金墓。故辛金不弱。但天氣嚴寒，濕泥結凍。必須先用丙火解凍，再用壬水淘洗，使辛金發亮，以為命格取貴之條件。丑月辛金選取用神，命中有丙則取富。有壬則取貴。此命局中，有甲、乙正偏財及癸水出干，支上兩次亥丑夾子，亥子丑為北方格局，代表水氣（壬水）。為主貴命格。

此命局中，甲木通根於亥，能引丁制辛。時支上有午，午中有丁火，雖甲乙能引丁，但不足以制辛取暖。有癸水出干，不是壬水，辛胎元為『丙辰』。有丙火救濟而主貴。他在12歲至42歲之間，一派庚辛壬癸的金水運程，命太寒，故冷血。現在到2023年還是用試射飛彈來騷擾鄰邦。2024甲辰年，是金正恩的正財年，他會想發財的事，便會與大家和平共處了。52歲開始行己運，開始轉好。

不過，2022年壬寅年，有武曲化忌，又是壬年，全世界經濟都不好，北韓的狀況更苦，必須好好度過，我看他的發瘋度是挺高的。

金正恩是冬天天寒地凍時候生的人，因為八字太冷，心情易陰晴不定，有時心狠手辣，有時心狠手辣，像對付他的姑父就是如此。這人命格需火來救。其八字大運又走壬運，從2020年開始又是庚辛金水年，一片金水汪洋的運程，真對他不利。

金正恩的紫微命格是『天梁』坐命未宮，遷移宮是『天機陷落、擎羊』，表示環境險惡，其人也會陰險多陰謀。庚子年他的流年運是破軍化祿，即使活過來也會有某些後遺症。其實他的命格太寒涼，是最易得新冠肺炎的。聽說他找的是大陸的醫生。其實他缺火嚴重，只有找南方台灣或新加坡的醫生會對他有利。當然醫療層級也會不一樣了。

天梁坐命未宮的人，其疾厄宮是『紫微、天府』。表示他很重視自己的健康。雖然吃得很胖，多半是脾胃的毛病，也會影響三高和心臟。2021年辛丑年他再出現時，已瘦下許多，好像換了一個人。不過目前金正恩36歲之後的十年大運正走辛運，紫微運程是『貪狼化忌、文昌、鈴星』表面看是『鈴貪格』，八字大運在辛運上，無火，但有化忌不發。但鈴星還是自己發，所以會有古怪的事發生。但未必是好事。要到52歲會有起色轉運。

11 泰王瓦拉瑪哈・瓦吉拉隆功的命格

泰王瓦拉瑪哈・瓦吉拉隆功的命格

泰王攜20名嬪妃到德國巴伐利亞小鎮「躲疫情」。看到令人好笑，人要躲災要到吉方，歐洲是他的吉方嗎？可能是凶方吧！之前他在當王子時也有許多怪異行為，使人不禁問，這麼一個貴族子弟為何會如此荒唐，不是有受過良好教育嗎？其實這就是其母將之生的時間不對所造成的！

泰王瓦吉拉隆功是1952年7月28日生人。

泰王瓦吉拉隆功的八字是：

壬辰
丁未
日主 乙亥
癸未

泰王瓦吉拉隆功的日主『乙亥』為寄生他木之植物，死處逢生，有所依附，日主乙亥者，多移枝接木。此命多庶出或晚生之子，骨肉分離刑剋。如有劫星甲木安穩，會有意外的奇遇。六月生乙木，支上亥未會木局，干上丁壬相合化木，日主乙木因支上會木局與丁壬化木增強，一派木氣，乙木的財星是土，正財在年支辰中為戊土。月支及時支『未』中有己土偏財，因偏財多，故姬妾多。四柱裡財是少的，都被木剋去了，本應要有庚金剋去木，而存財星。

命局中，六月生乙木，四柱多甲或多木局，無癸丙，又無庚金，是不實虛偽的人。無庚金剋木，為敗德、好酒色，無品行的人。

瓦吉拉隆功的紫微命格是『貪狼、擎羊』在子宮坐命的人。這是一個十分自私好浪費的人，為何會選他坐國王？一定是當時有些人想控制泰國朝政，特別找此人好控制。他在丙申年上位，他就是八字特須火的人，呆在泰國反而好。

因為八字無金，因此懦弱貪色。現在疫情緊張，歐洲屬西方，今年是庚子年，他的大運在甲運，金木相剋很凶。2020 年他的流年疾厄宮是同巨，就是討厭的感冒，四肢無力，所以即使躲到美麗的鄉間，仍躲不過病菌的追逐。

12 泰國總理帕拉育

帕拉育•占奧差（Prayut Chan-ocha；1954 年 3 月 21 日），泰國退役軍人，現任泰國總理兼泰國國防大臣，曾為泰國皇家陸軍上將與全國維持和平秩序委員會主席。他是前任國王蒲美蓬•阿杜德在位時的最後一任總理，亦是瑪哈•哇吉拉隆功即位後第一任總理。

帕拉育的八字是：

甲午
丁卯
日主 丙子
癸巳

帕拉育的日主是『丙子』。『丙子』為沐浴、咸池之地。白天生的人，為宜清靜養晦之人。喜命柱支上全西北方，並且要支上有申辰、亥丑為上乘格局。此命局中，為日主丙火生二月，陽氣增旺，專用壬水。但壬水為病死之地，必須有庚金相生相助，才可生發。命局中有時干一『癸』透出，在日支『子』中得祿，癸水有根。日主丙火在時支『巳』中得祿，為『日祿歸時』。其他甲丁只是增旺日主丙火而已。而無其他什麼好的格局。此外丙見卯為『咸池桃花煞』，甲木見子為『咸池桃花煞』。木火交差，為『滾滾桃花』。會多妻妾。命局中子卯相刑，日主向財、戀財，以官星壬水為用神。多以奸商得富。子巳相刑，子午相沖，家中妻妾子嗣不合。這個八字看起來並不真的能有很多財富，因為目前63歲大運正好，還可享受一下。接下去活的愈老愈慘，將失去所有財產。

帕拉育的紫微命格是『破軍化祿』坐命戌宮，對宮遷移宮是『紫微、天相、地劫』，表示他是好大喜功的人，身宮在夫妻宮，很重感情，常感情用事，脾氣火爆，大喜大憂。『破軍化祿』的人會常為了要花錢而找錢花。目前紫微大運是『紫相運』，是一生中最好的運，因此搞了不少錢。但最終他的錢財及事業會隨著妻妾一起消失。

2014 年 9 月 4 日，在國立反腐委員會上對他的資產進行了披露，他列出了 1.286 億銖的資產。他的資產包括一輛梅賽德斯賓士 S600L，一輛 BMW740Li sedan，3 輛其他的車輛。9 隻價值三百萬銖的昂貴鐘錶，價值 20 萬美元的珠寶和數把手槍。他也被報導為向其他家庭成員轉帳 4.665 億銖。在他陸軍總司令任期結束後，他得到了 1.4 百萬銖的年薪。自 2014 年掌權後，帕拉育開始出現在一個叫「自皇家哲學的穩定發展」的每周節目。

帕拉育在 2014 年發動政變，強行廢除了 2007 年泰國憲法，建立並主導了全國，維持和平與秩序委員會來掌控國家。隨後就任為總理。2019 年，帕拉育所控制的『人民國家力量黨』在眾議院選舉中獲得 115 席，成為第二大黨。通過與小黨合作在泰國國會兩院共同舉行的首相指名選舉中獲得500票，被選為泰國首相。

帕拉育經常被描述為一個偏執狂和變化無常的獨裁者。《衛報》曾指：「他用主導了政治鎮壓、表現不佳的經濟狀況，通過軍事控制主導編成了缺乏民意的憲法，並增加了貧窮的南部的穆斯林群體所受到的暴力。」

帕拉育素以隨性回答媒體提問而聞名，但也時常抨擊記者而引發爭議。

帕拉育的軍政府很保護泰國國王，以他為尊。在與海外泰裔群體談話時，帕拉育說：「……很多群體嘗試將我們的君主與其他國家的君主相比。這是無法做到的，因為我們的君主制有著長遠的歷史。我們的君主就像是神靈。我們的君主與其他任何實體無關。他逾越於一切爭議之上。當他被侮辱時，我們需要動用類似於誹謗罪的刑法第112條，因為當我們被侮辱時，我們可以提告，但如果是國王被侮辱，王室無法控告對方。這是因為我們國王與其他任何實體無關，他在憲法之下，在政府為保護他而建的法之下。可人們將這視為人權問題。試問：若有人侮辱你父親，你會退縮嗎？我們不會。但在這種情況之下，他們能夠控告。而國王因與他物無關，他無法控告，誰將維護他？泰國國民要承擔此重任。任何不懂得這道理的人都不是泰國人民。這些人很糟糕。這是敏感話題。我想要讓觀眾來解釋泰國國王與他國君主的不同。」由此可見他們是政治利益的生命共同體。所以才會有那麼爛的國王還繼續享受王位，他們是同一批人。

⑬ 政治人物的凶悍命格

七殺、羊刃與政治人物

最近在寫算命的書，研究了很多人的八字。發現許多政治人物在政治圈中想贏，非常不容易！必須具備強勢凶悍的條件不可！首先要具備七殺和羊刃，否則難成大事。例如日本的安倍晉三是庚日生酉月，具有羊刃，但身體不好下台了，是自己輸給自己。這也是具有羊刃的宿命，很凶，但身體也受刑剋。

另外一種命格有七殺的，台灣小英八字年月干上有2個七殺。賴清德命格中是正官、正印和正財，自然敵不過七殺的凶勁。台灣的陳菊和蘇貞昌都只一個七殺，所以做幕僚。習近平也有2個七殺。川普也有1個七殺和梟印、食傷多，故是商人性格。最近菅・義偉接首相位，他是好脾氣的溫和派，八字中正印多，是『正印格』。但這樣的命格只是暫時打混戰可以，還不知能幹多久呢？

台灣小英的八字是：

丙申
丙申
日主 庚午
壬午

小英的日主是『庚午』。『庚午』為已煉好成物品之金。因剛煉好，故急須要水來淬礪剛硬。因此命局四柱中干支要有水才好。若命局中有木火重逢，火太旺，過於激烈，易夭折而亡。

此命局中，是庚金生申月，申月為庚金司令之時，金氣盛，庚金剛硬銳利，必須用丁火煆金才能成大器。故以丁火為用神主貴。命局無丁可用丙。形成『假煞為權』的格局。此命局中，日主庚金在月支申中得祿，為『建祿月』。日主陽干生旺，喜剋不喜洩。有雙丙出干，丁火在午中，支上有雙午，亦有雙申。火很旺，又有壬水出干，壬水通根『申』中。

※書云：『建祿生提月，財官喜透天，不宜身再旺，惟喜茂財源。』

在此命局中，表面上看不到財星，但支上『午申夾未』，『未』是庚金的玉堂貴人，貴星。『未』中有乙木，是庚金的正財。在2016年她60歲時當選總統。就是此『午申夾未』的貴運。

14 從八字大運看中美貿易大戰

2019年5月時，中美貿易大戰正是如火如荼，股票如溜滑梯一般直直落。全世界的目光都隨川普的舉止而噤若寒蟬。很多商家也像老鼠移窩般的看川普的臉色與風向。真是一人氣使，萬戶生煙。偏巧，中國派去美國談判的特使又是一個紅酒糟鼻的劉鶴，不用談都知道鐵定輸的了！人的面相上鼻子是『財庫』，紅酒糟鼻就代表窮相，凡事皆輸，且令人討厭，人緣不佳。台北市長科P也常爛鼻頭，紅鼻頭，所以募款募不到大款，奇怪他自己是醫生怎不把身體搞好？

來看一下中美貿易大戰的主角的八字，川普是『丙戌、甲午、己未、庚午』，那年73歲，大運已在庚子、辛丑運的末端，如果要爭取連任，會死在任上。他的日主是『己未』，八字中『午戌兩會火局』，辛胎元中為乙酉（納音水），因此得活，有爆發運。但前半生起起伏伏三次破產再起。逢辛丑運再起做總統。但命格火多的人受不起大水，壬運再逢壬年必亡，大概在2022年虎年的時候，命格火多會有心腎疾病。目前他為了墨西哥邊境圍牆和中美貿易大戰大動肝火，從新聞影片中已看出他的疲態。堅持會有多久？

習近平的八字是『癸巳、戊午、丁酉、壬寅』。日主是『丁酉』，日主丁火生於午月，午中有丁己祿，丁火月逢建祿，丁火生旺，支上巳酉會金局。支上又有午戌會火局，干上戊癸相合化火，火重身旺。年干上有一癸水出干，但已被合去，巳酉會金局，是財局。命局中是金火相剋。日主丁日在月支午中得祿，環境天生就是好，真正會賺錢的應該是他。今年他68歲，大運又在辛運（財運）上，通常財運都是最旺的旺運。

劉鶴的八字是：

辛卯
辛丑
日主 庚午
甲申

劉鶴的日主是『庚午』，『庚午』是已煉好成物品之金，但剛煉好，故急須水來淬礪剛硬。因此命局四柱中干支要有水才好。若命局中又有木火重逢，火太旺，過於激烈，一定會夭折而亡。

在劉鶴的命局中，是庚金生丑月，隆冬嚴寒，丑為濕泥。丑月生庚金，為土凍金寒，必須先用丙火解凍，再用丁火煅金，使之有用。但仍須甲木引丁。

此命局中，有雙辛一甲出干，年月支上暗藏『卯丑夾寅』，日時支上暗藏『午申夾未』，因此暗藏『寅午會火局』，及暗藏『卯未會木局』。因此有了丙火與木根。此命局中，有甲出干，丁火藏午中。表面上無丙火出干的人，是為有能力的讀書人。不富但有小貴。但命局中有暗藏的木火重逢，代替丙火。於38歲丁運時開始主貴有好運。一直要到丙運（48歲）、乙運（58歲）、甲運（68歲偏財運），能一路主貴顯赫。

劉鶴43歲從美國哈佛大學工商管理研究生畢業。長期在國家計劃委員會工作。現任中央財經領導小組辦公室主任、國務院發展研究中心副主任。

習近平的丁火能剋劉鶴的庚金，所以習相信他。他今年69歲，大運馬上進入甲運（爆發運亦稱偏財運，最高旺運），雖然美國情報單位的報告說劉鶴即將倒大楣入獄，所以美國人瞧不起他。但美國情報組織也常出錯。如錯估阿富汗撤軍形勢即是。

雖然接下來的一段時間，美國會不斷加壓，增加關稅。但我認為如果以『結果論』的話，這場中美貿易大戰最後是川普和美國輸！

最後全世界的人都發覺被這混世魔王白整了一回！怎麼辦呢？這就是大家的運氣起伏吧！川普之後，這場中美貿易大戰由拜登接著打，這是兩個丁火命格的人的戰爭。丁火是小火，是爐中之火，是不溫不火。他們會拚命亮武器，卻不真打實幹。他們會像孫悟空掄起金箍棒一樣，漩起經濟大戰的漩渦，但最後細數戰利，大家都沒佔到便宜。只是花了很大的力氣，對付了自己國內的不滿聲浪而已。希望台灣在這場漩渦裡能被甩在邊緣上。

15 俄國總理普丁的命格

弗拉迪米爾•弗拉迪米羅維奇•普丁（Vladímir Vladímirovich Pútin，IPA，1952年10月7日），俄羅斯政治人物，出生於列寧格勒（今聖彼得堡），現任俄羅斯總統、國務委員會主席、聯邦安全會議主席。普丁更換職位均沒有離開過權力核心，常代表其政府露臉，故被外界認為是俄羅斯自2000年以來實際上的最高領導人，多次入選《富比士雜誌全球最具影響力人物》，是世界所公認的政治強人。

普丁的八字是：

壬辰
己酉
日主　丙戌
辛卯

普丁的日主是『丙戌』。『丙戌』是日入地網。戌宮為地網宮，也是墓宮。太陽入地網宮，極為困頓無光。白日所生的人，必須命局四柱賞有寅、午。才能有成就。否則終身無發達之日。

普丁的命局中，是丙火生酉月，猶如日暮黃昏。太陽猶有餘光。日主丙火，有壬己出干，有一壬出干，為一奇格，主有大富貴。時干上有辛出干，丙辛相合不化（化水化不成），年支與月支辰酉相合為金局（此也為桃花格局）。他的母親是一名工廠女工，而他的父親政在蘇聯海軍服役。很可能普丁出生時，其父母仍沒結婚。雖然他先前已有兩個哥哥（哥哥先後死亡）。在他的命局中，有辛出干，有金局見比劫（丙丁火），為『正從財格』。有富有貴。可得貴人提拔扶持而富貴。

普丁的紫微命格是『武曲化忌、天府』坐命午宮。對宮遷移宮有『七殺、擎羊』。他的官祿宮是『紫微化權、天相、陀羅』，所以在工作上他主張權威，做決定會很慢，會拖拖拉拉。他的財帛宮是『廉貞、地劫』，他很愛戴名錶或穿名牌衣飾，以顯現自己的財富。但必須要用心找錢，才會有錢進帳，但又很快花掉。算是很不會理財的人。不過他會利用工作之便來增加財富。

目前普丁69歲，大運正是丙運，大運正好。身旺能任財。72歲為丁運也不錯。

普丁在42歲（1994年）發跡，普丁被任命為聖彼得堡政府第一副市長兼外事委員會主任，成為時任市長索布恰克的左膀右臂，深受重用。1995年5月，他組織了由總理切爾諾梅爾金創立的黨派「我們的家園－俄羅斯」在聖彼得堡的分支機構，並管理該黨的議會選舉工作，從1995年至1997年，他擔任該黨聖彼得堡市黨部的領袖。這是他得貴人提拔扶持而富貴的證據。

1996年至1997年，他在俄羅斯總統辦公廳資產管理局擔任副局長。任職期間，普丁負責國家的外國資產，並組織將蘇聯政府的原有資產轉移給俄羅斯聯邦政府。

1999年8月，普丁被葉爾欽總統委任為俄羅斯總理。同年12月，葉爾欽突然宣布辭職，普丁根據俄羅斯聯邦憲法規定出任代總統。在隨後的大選上，普丁獲勝出任總統。普丁參加2018年俄羅斯總統選舉，並以76.67%的支持率在選舉勝出，獲得連任，任期六年。2021年，他簽署了一項憲法修正案，允許他再參加兩屆總統競選，有可能將他的總統任期延長至2036年。俄國完全在他的掌握之中。

16 菲律賓總統杜特蒂

羅德里戈•「羅迪」•羅亞•杜特蒂（Rodrigo "Rody" Roa Duterte；1945年

3月28日），菲律賓政治人物、律師，現任菲律賓總統。杜特蒂曾經三度擔任納卯市市長，共任職長達22年。

杜特蒂的八字是：

乙酉
己卯
日主　丙申
庚寅

日主是『丙申』。『丙申』為『日照崑崙』。傳稱崑崙山下有泯池，太陽照至此，與水相激盪，而成美麗畫面。亦即『丙臨申位火無煙』。日主丙申的人生於白天，日主前後，年月時干須有輔柱，否則會多學少成。

杜特蒂的命局中，是丙火生於卯月，丙火陽氣增旺，專用壬水，但壬水為病死之地，必須用庚金相生助才可生發有用。在他的命局中，壬水藏於日支『申』中，有庚金出干生水。專用壬水為用神。在此命局中，支上寅卯為東方，酉申為西方，東西對峙，格局很大。但也沖剋多，如卯酉相沖，寅申相沖，人生霸氣而不平靜。目前杜特蒂剛好76歲，大運正在壬運，也正好運當頭。

杜特蒂的紫微命格是『紫微化科、破軍』坐命丑宮，其對宮遷移宮是『天相』。表示他大膽而不羈，在他的環境中的人都會乖乖的容忍他，聽他的話。這就是他為什麼能強勢的管理國家了。他的巳宮是官祿宮，正是『廉貞、貪狼』，因此他中午以前在睡覺，不會進辦公室。丑宮是『紫微化科、破軍』，丑時正愛打拼。思慮也正暢旺。據說：他其實喜歡在半夜辦公，常常在半夜召見機要秘書，甚至「出巡」，檢視警員是否認真服勤，每天都凌晨四、五點才休息。正是命格盤局的影響。

杜特蒂上任後一改菲律賓過去一面倒親西方及菲律賓親美的外交政策，加強與中國－菲律賓關係及俄羅斯－菲律賓關係的外交關係，以及與其他亞洲國家（包括日本和東協各國）的外交關係，並與美國及歐盟疏遠，不再奉行一面倒親西方及親美的外交政策。

17 韓國總理文在寅

文在寅（Mun Jae-in，1953年1月24日），共同民主黨籍政治人物，現任大韓民國總統（第19任）。南韓巨濟郡（今慶尚南道巨濟市）出身。

文在寅的八字是：

壬辰
癸丑
乙亥　日主
戊寅

文在寅的日主是『乙亥』。『乙亥』為寄生他木之植物，死處逢生，有所依附，日主乙亥者，多移枝接木。此命多庶出或晚生之子，骨肉分離刑剋。如有劫星甲木安穩，會有意外的奇遇。

文在寅的命格表面上看很差，生不逢時，但仔細研究，你會發現暗藏一些格局。例如：年支辰和時支寅，寅辰夾卯，寅卯辰代表東方。月支丑和日支亥，丑亥夾子，亥子丑代表北方，地支形成方局。東方屬木，也算是劫星安穩，故會有意外的奇遇。

文在寅因年月支辰丑相刑，年月干上又都是水，冬季天寒地凍，冰水會將乙木花草凍死，水雖是乙木的蔭星，但是不好的蔭星，故出身寒微。年少時，文在寅曾是學運領袖、執業律師，長期投入維護人權運動，從政前與盧武鉉合作，是一位有名的人權律師，而盧武鉉當選總統後，他也隨之進入青瓦臺，擔任其秘書室長。2012 年，文在寅當選為釜山沙上區國會議員。參加 2012 年總統選舉失敗。在 2017 年總統選舉中勝選，入主青瓦臺。

文在寅的紫微命格是『太陰、祿存、右弼』，對宮遷移宮為『天機居平』。表示他雖然年輕時投入人權活動，其實他是很保守的人。性格節儉小氣，周遭環境中的人也不算友善。他的財帛宮是空宮，有同巨相照。可用的錢財不多，只注重工作。他的身宮落在官祿宮，很愛工作。而官祿宮正是他命格中最好的宮位，為『太陽、天梁化祿、左輔化科』，表示說他在工作上會大大出名，有很大的聲譽。其實他的『陽梁昌祿格』並不完整，因為『陽梁祿』都在卯宮，而文昌在申宮，太陽、天梁、化祿和文昌四顆星不在同宮或三合、四方的位置上，因此不算有貴格。也因此他在唸大學時也不算順利。

文在寅幼年曾因沒有錢交學費，上課途中被逼趕出學校。大學考了兩次才進入慶熙大學法學系。1975 年，因參與反對時任總統朴正熙的維新憲法抗議活動被捕，關進監獄，校方順理成章開除了他的大學學籍。後應徵入伍，文在寅於為期六周的特種作戰訓練期中獲得「最優秀表彰」，並由旅長全斗煥親授獎。退伍後，文在寅重返學校繼續讀書，但 1979 年總統朴正熙遇刺身亡，南韓掀起民主化浪潮「漢城之春」期間，又因違反戒嚴令再次被捕。成為律師後，加入盧武鉉的律師事務所，成為盧武鉉的左膀右臂和一生的摯友。他們因此成為著名的人權律師。

2002 年盧武鉉當選總統，文在寅成為他的秘書和助手，2007 年成為總統府秘書室長。當 2008 年檢察當局開始調查卸任總統盧武鉉的貪腐事件，文在寅擔任盧武鉉的法律顧問。2009 年盧武鉉自盡，文在寅負責處理其身後事。

文在寅於 2012 年大運為戊運（正財運）當選國會議員。同年中，文在寅又宣布參選總統，敗給朴槿惠。2017 年再度參加總統競選而當選，此運正逢己運的暴發運（偏財運）。文在寅執政的頭六個月，其民調支持為73%，為南韓歷任總統第二。

雖然文在寅的半生都在與保守派的鬥爭中度過，但他也並沒有全盤否定保守主義，他界定保守思想的意義為「看重家人、國家與民族、共同體，並為此獻身」。這正是他原本命格所代表的思想模式。

18 馬來西亞首相馬哈迪

敦馬哈迪・莫哈末（Tun Dr. Mahathir bin Mohamad，暱稱 Dr. M、Tun M、

敦馬或老馬，1925年7月10日），馬來西亞政治人物、作家和醫生，為第四任及第七任（2018年—2020年）馬來西亞首相，有「馬來西亞現代化之父」之稱。

敦馬哈迪的八字是：

乙丑
癸未
日主　乙未
壬午

敦馬哈迪的日主是『乙未』。『乙未』為花架上的藤蘿之植物，最喜歡有寅亥等甲木來支助它，才能得雨露之惠，而有不凡的富貴。若無支架，則會淪落塵土之中，泥濘不堪。

在馬哈迪的命局中，是乙木生於未月。三夏乙木，須水恐急，有一乙、癸、壬出干。支上有雙未、一丑，一午，丑未相沖。午未代表南方。四柱無格局可言。因生於大暑之前，十分炎熱缺水，故專用癸水為用神。

馬哈迪的紫微命格是『天梁化權』坐命子宮。對宮遷移宮是『太陽、右弼』。這表示說：馬哈迪是一位強權手腕，思想縝密，十分有計謀的人。他的周圍會有男性好幫手來幫忙他治理國家。馬哈迪的命格中有『火貪格』暴發運格來使他人生有成就。他的僕役宮（朋友宮）是『武曲、破軍、天空、地劫』，表示說：他看待他的朋友或部屬是覺得他們較窮、較無用，對他是沒有幫助的。

1981年起馬哈迪（56歲暴發運時）宣誓就任首相。22年期間，經歷各種大型公共建設和快速的經濟發展，使馬來西亞擁有更完善的設施、良好投資環境和世界級海港，包括首都吉隆坡的地標雙峰塔、世界級的吉隆坡國際機場和雪邦國際賽道、武吉加里爾國家體育館，以及馬來西亞最長的高速公路南北大道等建設計畫；此外，在其任內，馬來西亞成功發射人造衛星「MEASAT」，並發展包含國有大企業、製造強國等計劃。1998年馬哈迪因為讓馬來西亞成為第一個走出亞洲金融風暴的國家。

2018年，馬哈迪帶領反對黨聯盟在全國選舉上獲得首次勝選，終結國民陣線61年執政，寫下首次政黨輪替紀錄；他以92歲再次擔任首相，成為全球最高齡的民選國家領導人及政府首腦。直至2020年，馬哈迪宣布辭任首相，並被委任為過渡首相；同年3月他因未獲組閣多數而無法繼續擔任首相。馬哈迪離任時以94歲235天，成為離任時最年長的民選政府首腦。年紀這麼大，還能頭腦清楚的主政，這正是『天梁化權』命格的特性。台灣前總統李登輝是『天梁化祿』坐命午宮的人，也同樣長壽。

19 緬甸的政治人物翁山蘇姬

翁山蘇姬（Aung San Suu Kyi 1945年6月19日），緬甸的政治家及作家，前國務資政及緬甸總統府辦公室部長，被視為實際上的緬甸總理，政治地位僅次於緬甸總統。翁山蘇姬是全國民主聯盟的創辦人之一。翁山蘇姬生於緬甸仰光，父親是被緬甸人民尊稱為國父的翁山將軍。

翁山蘇姬的八字是：

乙酉
壬午
日主　己未
丙寅

翁山蘇姬的日主是『己未』。『己未』為種在土中的植物如芋頭、甘藷等植物上覆蓋的土。這些植物必須有土深深覆蓋，才會長得好。這些植物喜歡乾燥，怕潮濕。日主己未的人，喜歡有火土來培植，怕命局受到沖害。更喜歡有會合化土（如甲己相合化土），忌有刑穿剝削使命局受損。

翁山蘇姬的命局中，是己土生午月，夏季火旺土燥，必須有水滋潤，才能生長出果實。己土為衰竭之土，以調節氣候為最重要之條件，以癸水為用神最佳。但在她的命局中，是己土生午月，有丙、壬出干，支上寅午會火局，火旺，日主增旺。其胎元為癸酉，年支上酉中辛金能生癸水，但出干的是壬水。用壬水為用神，在金水年有偏財運。

翁山蘇姬的命局中，天干上的壬、丙是有用的。乙木是七殺，會剋己土。年支酉和月支午，午酉相破，所以她在 2 歲時喪父。父親被暗殺。15 歲的時隨母親前往印度出任印度大使。1964 年，入英國牛津大學，獲得文學學士學位，主修經濟、哲學與政治，並在此認識了她的丈夫麥克•阿里斯。1972 年結婚，婚後育有兩個兒子。翁山蘇姬之後在倫敦大學的亞非學院修畢博士課程。

翁山在 43 歲時回緬甸照顧生病的母親，適逢緬甸發生「8888 民主運動」，長期執政的軍政府緬甸社會主義綱領黨領袖吳尼溫將軍下台，但是爭取民主的示威群眾最終遭到軍隊血腥鎮壓。新的軍政府隨後掌權。1988 年近百萬群眾在仰光雪德宮大金塔西門外廣場集會，翁山蘇姬對他們演說。隨後組建了全國民主聯盟。1989 年軍政府以煽動騷亂為罪名對翁山蘇姬實行軟禁，以阻止她參與

1990年的大選並進行選舉宣傳。在此後20年她一直拒絕了將她驅逐出境而獲自由的條件。她陸續被軟禁了22年之久。

在翁山蘇姬一生的大運中，只有7歲時走的是癸運。其他都是木火土運。到77歲時走庚運會狀況轉好。但也會因為健康問題而不保。

1990年其帶領全國民主聯盟贏得大選，但選舉結果被軍政府作廢。其後20年間她被軍政府斷斷續續軟禁於其寓所中長達15年，受各界人士與國際特赦組織持續援助，2010年緬甸大選後才獲釋。2013年在仰光舉行的全國民主聯盟第一次全國代表大會上當選主席一職。

1990年獲得薩哈羅夫獎，1991年，正被軟禁的翁山蘇姬獲得了諾貝爾和平獎，由兒子代為領獎。

2016年3月接任緬甸外交部、總統府事務部部長，並短暫兼任教育部、能源部部長。國務資政一職，被外界視為相當於緬甸總理的職務及實際的領導人

2021年2月1日清晨，她和其他政府高官在軍方政變中被拘留。此年她76歲，還差一點要轉運。

你會奇怪？這麼堅苦，**為何翁山蘇姬要搞政治**，說是為了緬甸的民主。其實你看她的紫微命格就會明白了。翁山蘇姬是『七殺、擎羊』坐命辰宮的人。對宮遷移宮是『廉貞、天府』。她的意志堅決，別人也無法勸阻她。43歲大運是丙運，火燥土旺，故一腔熱血。被軟禁的22年正是戊己土運，土蓋住水，運氣不佳。庚運會再度執政，但健康問題會影響她。

翁山蘇姬命格中好的部分是：配偶運和兒子感情不錯。她的丈夫和兒子一直支持她。日柱中『己未』的『未』字是配偶之位。『未』中含有己、丁、乙。所以日干己土是通根到未的。表示配偶的想法和她一樣。不會背離她。但她丈夫53歲癌逝，她也未能出國相見。

翁山蘇姬在71歲（己運末稍）之後非常有爭議：

聯合國於2016年10月指責緬甸政府和軍方以殺害、強姦、洗劫及放火燒屋等不人道手段，對緬甸境內的穆斯林少數族裔羅興亞人進行種族清洗。翁山蘇姬對於緬甸穆斯林少數族裔羅興亞人遭遇激進派佛教徒及政客迫害的議題選擇避重就輕。緬甸政府派遣軍隊至若開邦，與當地武裝發生交火，連日衝突導致86人死亡，逾3萬人逃離家園，逾2千人湧入鄰國孟加拉。11位諾貝爾和平獎得主發出公開信，公開信同時譴責翁山蘇姬，作為諾貝爾和平獎得獎者及緬甸政府的實際領導人，卻沒有採取行動保護被迫害的羅興亞人。種族衝突加劇，緬甸軍方被指進行屠殺，造成包括兒童在內超過400人喪生，並令數以十萬人流離失所。

2017年10月3日英國牛津市議會一致通過將1997年頒發給緬甸民權運動領袖翁山蘇姬的牛津自由獎（Freedom of Oxford）撤銷。世界上很多國家發的和平獎、人權獎都取消。很多人都執疑：翁山蘇姬正利用『國家秘密法』箝制言論自由。其實翁山蘇姬已日落西山了，她的健康問題很嚴重，她的體重只有48公斤，且患有低血壓，很容易感到身體虛弱無力。實際已無法控制軍政府的權力了。

20 越南的領導人阮富仲

阮富仲（1944年4月14日），越南共產黨籍政治家，現任越南共產黨中央委員會總書記、中央軍事委員會書記，是越南當前的最高領導人及軍事武裝力量統領人。2018年至2021年期間兼任國家主席及國防安全委員會主席。擁有副博士學位。

阮富仲的八字是：

甲申	戊辰	戊申	辛酉
		日主	

阮富仲的日主是『戊申』。『戊申』為外表披著石頭的土山。須要金水和木氣。水能滋潤它，木氣能疏通它。最忌火土再燥烈，成為石山，為不毛之地。阮富仲的命局是戊土生辰月，辰宮土旺秉令。干上有比劫戊土透出干，戊土專旺。但亦有甲木透干，支上申辰會水局，為財局。辰酉會金局，金能生水。以『財滋弱煞格』來取用神，用『辰』中癸水為用神。

由阮富仲的八字看來，他一生蠻順遂的，從年支申開始，年月支就是財局申辰會水局，生活富裕。日主戊土的人較笨，會慢半拍。但他青少年到58歲前走的都是庚、辛、壬、癸的大運。一路好運。38歲更有暴發運。他好像一直呆在越南，並無外出留學。所以越戰中苦難的日子他好像並無影響。可能他那時已做了小官，受影響不大。

阮富仲的紫微命格是『廉貞化祿、七殺、鈴星』坐命未宮，對宮遷移宮是『天府、文昌、文曲、陀羅』。這表示說他是一位性格頑固，又有點圓滑，喜歡交際應酬的人。腦子裡有些奇怪的想法。喜歡文藝及格調文質高尚的環境與交友圈。他的財帛宮是『紫微、貪狼、擎羊』。官祿宮是『武曲化科、破軍化權、火星』，表示他在事業上很能掌權、鬥爭技術超高，但還是礙於情面不太會搞錢。

不過他已比全部的越南人有錢了。

阮富仲早年長期在黨刊《共產》雜誌擔任總編輯。1996 年擔任河內市委書記、1999 年獲增補為越共中央政治局常委。2006 年起，擔任第十一屆越南國會主席。

2011 年，在越南共產黨大會上當選為中央委員會總書記，成為越南黨和國家的最高領導人。2021 年，在越共十三屆一中全會上再次當選為越共中央總書記，打破了連任兩屆的規定，成為任期最長的越共領導人

阮富仲的政績：仿效中共主導的反腐運動。2015 年訪問美國，與美總統歐巴馬見面。2019 年與馬來西亞首相馬哈迪見面。

阮富仲的批評與爭議：2016 年，非政府組織「無國界記者」把阮富仲列入「新聞自由掠奪者」名單。

三、二十一世紀經濟關鍵人物

1 亞馬遜總裁貝佐斯

富豪離婚

之前貝佐斯（Jeff Bezos，1964 年 1 月 12 日）離婚堪稱盛事，而今比爾蓋茲也離婚，算是時候到了。實際上，這些特種人類在追求金錢到一個極限時，人格也澎脹到一個極限，什麼都不在他的眼裡，甚至於把自己當作神來比喻。在這個時候，他要玩的是什麼？就是他自己的身體了。好淫就是玩弄自己的身體。

貝佐斯是『破軍化祿』坐命的人，破軍是耗星，破軍化祿就是為破耗而破耗。所以他精力充沛。維基洩漏他與小三淫穢的對白，應該是見怪不怪了！他的妻子跟他離婚，其實她早已知道此人的粗鄙，只是等著見光死的這一刻罷了。

貝佐斯的八字很有意思。

貝佐斯的八字是：

癸卯
乙丑
日主　庚申
壬午

貝佐斯的日干是日干是『庚申』。『庚申』為已做成的戟劍之物，害怕再有火多又燒壞了。如果命局中有子辰會水局或有辛金、壬癸，則劍氣發亮，命格主貴。

貝佐斯的命局中，是庚金生丑月，已是隆冬，寒氣極重，丑為濕泥，丑月之庚金為『土凍金寒』。必須用丙火解凍，再用丁火煆金，使之有用。

本命局中，日主庚金坐於申上。丑宮印綬（己土）當權，足以用火蔽寒。干上有壬癸水為病。幸乙木通根卯上，洩水生火。日干跟月干形成『乙庚相合』，乙木是庚金的財，故稱『財來就我』。別人會自動找他做生意，讓他賺錢。男人的財也代表女人。也表示女人會自動送上門。所以不用他去撩妹。他也會有賢妻孝子，但他不珍惜。用胎元『丙辰』的丙火為用神。

在貝佐斯的命格中表面上看無何格局。但還有暗藏的狀況。例如：年支與月支形成『卯丑夾寅』。『寅』中有甲丙戊，是庚金的財、官、印。日支與時支形成『午申夾未』。『未』是庚金的玉堂貴人，日支丑是庚金的天乙貴人，故主貴。況且寅未又形成財局的六合。故主富。

2021年8月20日貝佐斯上太空，搭乘自家藍源公司的新謝帕德號太空船升空並成功返回地面，完成藍源首次載人飛行。成為繼維珍銀河創辦人布蘭森後，第二名搭乘自家太空船升空的億萬富豪。

2 離婚的富豪比爾蓋茲

比爾蓋茲（1955年10月28日）的紫微命格是『貪狼、鈴星、文昌、擎羊』。個性古怪、貪赧、陰險、裝斯文。

比爾蓋茲的八字是：

乙未
丙戌
日主　壬戌
丙午

比爾蓋茲的日主『壬戌』。『壬戌』是『驟雨易晴』。是下一陣急促猛烈的雨之後又放晴了。這是比喻日主壬戌的人的人生形態。此命格的人，總是有好機會又錯過。又會柳暗花明又一村，在看起來沒有機會時，又逢奇遇。

在比爾蓋茲的命局中，有雙丙出干，雙丙是他的偏財。支上午戌兩會火局，也是他的財。所以會主富。日主壬水很弱，幸虧胎元為丁丑，『丁丑』納音五行為澗下水。故壬水有根。可以任財。用神取壬水為用。

命格中財多的人，原本就妻妾多。偏財重的人為小三及女朋友多。在比爾蓋茲的命格中，年支未與月支戌相穿刑剋。而且火局與他本命的壬水也是相反的東西，是故其人性格怪異，常懷疑人。貪狼的人原本就好色，但有妹上門他又擔心受騙。

比爾蓋茲曾被外媒爆料與已故美國淫魔富豪艾普斯坦（Jeffrey Epstein）關係甚篤，販賣人口、誘拐未成年少女、性虐未成年少女而入獄待審。比爾蓋茲的妻子梅琳達為此很生氣。我想比爾蓋茲是很羨慕，未來數年後可能他的醜行會公諸於世。因為老婆梅琳達的正義形象已離開了。此淫魔的大膽行徑，也可能私下問過對方狀況。在他離婚後，他的妻子不再保護他，可能會有更多的醜聞浮現出來。

3 特斯拉的總裁馬克斯

命好運也好的人

近日在書中寫特斯拉（Tesla）汽車公司的老闆馬斯克（elon musk，1971年6月28日）的命格。

馬斯克的八字是：

辛亥
甲午
日主　甲申
庚午

馬斯克的日主甲申生於午月，甲申為『巨木被砍斷後落入水中之木』，分外堅硬。甲木在午月本來是木性虛弱焦枯，但此命格一方面有甲木比肩在干上，日主甲木座下『申』中有壬水長生及庚祿。在年支『亥』中有壬祿及甲木長生，因此日主身旺，又有印星壬水支助，可稱『支潤木榮』。乃用『庚金劈甲引丁』，以達『木火通明』而取貴。再一方面兩次『午申夾未』有兩個暗貴。表面上正財己土在兩個『午』中。此命格以東方及北方為吉。

這是極旺的命格。目前50歲，大運正在正財運己運的時候。目前已成為全球第三大富豪。馬斯克目前資產有1,154億美元。這個命格因甲木多，非常聰明，喜歡學習新事物。有趣的是：在他的命格中完全沒有偏財，有兩個正財。

他的紫微命格是『巨門化祿』在子宮。巨門命格的人特別聰明。但仍要小心55歲有傷剋之運。在命格中的配偶之位『申』中，有庚金會剋甲。時干的庚金也會剋甲。所幸他很忙，與妻子及兒女少見面與接觸。外國人的家人親屬關係也不像中國人這麼緊密。

由於特斯拉股價暴漲約500％，馬斯克在2020年資產淨值暴增878億美元，目前公司市值達4,640億美元，於全球排名第10名。這也是由於到中國設汽車裝配廠全年交貨50萬輛車的原故。因此東方及北方對他確實有利。2021年美國政府對中國採取打壓政策，特斯拉在中國的汽車生意恐怕也不好做了。

4 瘋子的命格—英國維珍集團總裁布蘭森

好運與大膽的人

最近媒體報導：維珍集團的老闆布蘭森（1950年7月18日）和亞馬遜的老闆貝佐斯兩人分別於7月10日和20日要上太空。在這新冠疫情的當頭，全地球的人都在為得病和搶疫苗恐慌之際，這兩個全地球最好運的富人，他們的遊戲卻是上太空。

當然，這兩人都投資太空旅行投資很大，而且這次上太空也以廣告效應為重。他們雖挾持著自己的天生好運，難道就真的不怕意外？不怕死嗎？

理查•查爾斯•尼可拉斯•布蘭森爵士（Sir Richard Charles Nicholas Branson）是英國維珍集團的董事長。

布蘭森的八字是：

庚寅

癸未

日主　甲寅

丁卯

布蘭森的日主是『甲寅』。『甲寅』是碩果品彙之木。是一種高級的果木。蔽戌有人持刀看守方可，故用庚金為用神。忌刑沖。在此命格中，是六月甲木，未月丁火退氣，金水進氣，六月甲木為『正財格』。命格四柱有『癸』水在天干，稱為『三伏生寒』。命局中又見庚、丁出干，支上卯未會木局，又有雙寅，四柱木多，宜用庚金做用神。命局中只有一庚，故主貴。封為爵士。

布蘭森是個天生的瘋子，曾坐熱氣球環遊世界，還在上海停留，打開了中國市場。他是『貪狼、火星』坐命辰宮的人，命格中有火星，自然言行大膽古怪。會挑戰一切新奇的事物。

他們倆都是好奇寶寶。貝佐斯是『破軍化祿』坐命的人，本命就是『財來就我』。也就是以生命極限為賭注的人。所以他們會做這樣的創舉，真可不以為怪了！預祝他們成功！活著回來！這樣我們的航行太空的事業能更進一步，未來大家都能去太空或別的星球旅行，看看大千世界與宇宙。(之後他們平安歸來)

5 股王巴菲特股市名人的命格

華倫・愛德華・巴菲特（Warren Edward Buffett，1930年8月30日），出生於美國內布拉斯加州的奧馬哈，美國投資家、企業家、及慈善家，世界上最成功的投資者。巴菲特是波克夏·海瑟威公司的最大股東，董事長及執行長。在2008年全球富豪排名第一，2017年第2。

巴菲特的日主是『壬子』。。『壬子』是氣勢滂沱的大水。必須要有以煞制刃，用清流砥柱來力挽狂瀾。再加上印綬（庚辛金）、食傷（甲乙木），與官煞（戊己土）相互來制伏它，如此才會有富貴前程。

巴菲特的八字是：

庚午
甲申
日主 壬子
丙午

在巴菲特的命格中，是壬水生申月，申宮為庚、壬、戊同宮。七月壬水長生於申，故稱母旺子相。壬水有急沖奔騰、一洩千里的性質，須用戊土坐堤防，導水入海。庚金在申宮為祿旺。為防止其會洩土生水，故專用丁火制庚。

此命局中，有庚、甲、丙出干，支上申子會水局，卻沒有戊土出干，用丙火制庚，仍以申中戊土為用神做堤防。

巴菲特的紫微命格是『破軍』坐命寅宮。對宮遷移宮是『武曲化權、天相、祿存』。表示他從小性格大膽，對錢很敏感，愛賺錢打拼。他周遭的環境也是一個能讓他做賺錢試驗的場所。父親也很鼓勵他。他的環境就是天生能讓他積極掌握到錢的環境。

巴菲特五歲時，就在祖父經營的雜貨店擺地攤兜售口香糖。11 歲的巴菲特，開始在父親的證券經紀商工作，並且買進股票。他在大學畢業時已有近一萬美元的積蓄。

巴菲特進入哥倫比亞商學院（Columbia Business School）就讀，並在 1951 年取得經濟學碩士學位。他是班傑明•葛拉漢的得意學生。

1954 年他進入葛拉漢紐曼公司工作，在那裡學到找雪茄屁股股票的方法。1956 年巴菲特創立聯合有限公司（Buffett Associates, Ltd.），這是巴菲特一個投資合夥事業。後來又陸續創立了幾個合夥事業，巴菲特徹底實踐葛拉漢的價值投資哲學，這些投資在 1956 到 1969 年間，每年平均以 30%以上的巨大複利成長，而一般市場的常態只有 7~11%。這段時期，他在投資上主要是採取以三種模式：一、價值投資。二、套利交易。三、控制權。在當時巴菲特嚴格強調「價格低於價值」的作法，並有許多套利交易，有點像禿鷹集團的味道，與後期的作法有很大不同。

有關巴菲特做這種投資合夥事業，其實他的僕役宮並不好，是『天同、巨門、陀羅、火星』，這表示他看待他的合夥人都是表面溫和，有點笨，脾氣急，囉嗦專業不足的。所以他可以賺到他們的錢，可以利用他們的錢來賺錢。

巴菲特最後解散了合夥事業，全心投入波克夏的經營。善加運用該公司多餘現金，用以收購私人企業、及買進公開上市公司股權下，波克夏成為全球最大的控股公司之一。

巴菲特常被稱為「奧馬哈的神諭」（The Oracle of Omaha），並以長期的價值投資與簡樸生活聞名。由於巴菲特投資股票的眼光獨到又奇特，信奉所謂「價值投資法」，投資哪種產業的股票該產業就會走紅。因此巴菲特被眾多投資人尊稱為「股神」。

巴菲特說：我一生99％的財富，是在50歲以後獲得的，巴菲特願意這樣持續數十年地堅持，所以最後他成了超級富翁。亞馬遜CEO貝佐斯問他：「你的投資理念非常簡單，為什麼大家不直接複製你的做法呢？」巴菲特說：「因為沒有人願意慢慢變富。

6 護國神山主的演講

護國神山主的演講

今天台灣護國神山的鎮山主張忠謀對大家講話了，我想是有好幾點原因的。首先是美國要台積電去美國設廠，以便就近控制。當然台積電終就會把核心技術留在台灣。以防在強權壓迫下被盜走。

在中美競爭之下，台積電到底會輸，會贏？還是需要小心的應對。不過，在大家都需要你、爭取你的時候，也會有無所不用其極的手段及壓力，須要台積電的高層運用政治智慧來處理。

張忠謀給台灣人打氣了，告訴台灣人說：台灣的優勢是：台灣擁有大量優秀的工程師、技師、作業員，願意投入製造業，人才濟濟。美國的製造業已經衰退了，人才傾向於投身金融、市場行銷等輕鬆勞力的行業。國家的根基已虛弱。再加上以前英特爾的傲慢，如今再追也恐難再追上。況且台積電已經過幾十年的努力還在繼續的不斷創新研究，這就是真正的台灣價值！

張忠謀也強調，要再找一個護國神山，條件是『要創新的產品，或是商業模式』，答案是難。他說：『我沒有再找到過，幾十年了，沒有再找到過。』所以他找到了一個『晶圓製造』，就是為台灣找到了寶藏，是希望台灣人都能好好為它守護的！

也確實！要想再造一個護國神山真的需要運氣了！

張忠謀（Morris Chang，1931 年 7 月 10 日—），台灣半導體企業家、台積電創辦人、中華民國工研院院士出任 APEC 領袖代表。曾是麻省理工學院董事會成員，並擔任紐約證券交易所顧問。2020 年《富比士》公布的台灣 50 大富豪，張忠謀資產為 15 億美元，排名第 28。

張忠謀先生的八字是：

辛未
乙未
日主　丙寅
壬午

張忠謀的日主是『丙寅』。『丙寅』為日升暘谷（太陽升在山谷上）。出生在白天的人。若四柱有『午』，為有豪氣英雄之人。夜生者也可保元氣不傷。最怕四柱有『申』刑沖，會有傷剋。

在張忠謀的命局中是丙火生未月，未月己土當旺，會洩丙火之氣。生於大暑之前，專用壬水最用神，必須以庚金相輔，必須運行東南火土運才行。此命局中，有辛、壬出干，支上寅午會火局。寅未六合，有雙未，丙火很旺。他在54歲以後走己運、62歲戊運、丁運、丙運而發富。

張忠謀的紫微命格是『貪狼』坐命子宮，對宮遷移宮是『紫微、右弼』。表示他雖然在青少年時期逢抗日戰爭、大陸失守，轉到香港讀高中，但一直生活比普通人優裕。1949年赴美國波士頓就讀哈佛大學，次年轉學麻省理工學院機械工程系。1952年獲得麻省理工學院機械工程學系學士及碩士學位。其時他是辛年生人，有文昌化忌，所以『陽梁昌祿格』並不完整成格。但仍辛苦完成學業。

1964年獲得美國史丹福大學電機工程學系博士學位。

1985年，張忠謀（54歲）應孫運璿之邀到臺灣擔任工業技術研究院院長，兼任聯華電子董事長，隔年因緣際會籌辦荷蘭飛利浦與工研院合資成立的台灣積體電路製造股份有限公司，任董事長兼總裁（執行長）。此時他的大運在己運。

1994年，創立世界先進積體電路公司。

2018年6月5日，在台積電股東常會上宣佈「不續任董事、不接顧問、不擔任榮董」正式退休。退休時已87歲在丙運了。

7 美國財政部長葉倫

珍妮特‧路易絲‧葉倫（Janet Louise Yellen，1946年8月13日），現任美國財政部長，她是美國歷史上首位女性財政部長。曾任美國聯邦準備理事會主席。美國加州大學伯克利分校經濟學教授、哈斯商學院教授。美國猶太裔經濟學家，生於美國紐約州布魯克林。

華倫的八字是：

丙戌
丙申
日主 己未
庚午

華倫的日主是『己未』。『己未』為種在土中的植物如芋頭、甘藷等植物上覆蓋的土。這些植物必須有土深深覆蓋，才會長得好。這些植物喜歡乾燥，怕潮濕。日主己未的人，喜歡有火土來培植，怕命局受到沖害。更喜歡有會合化土（如甲己相合化土），忌有刑穿剝削使命局受損。

華倫的命局中，是己土生申月，秋季金神秉令，子旺母衰，土氣洩弱。因申宮金水長生，壬庚兩旺，故先以丙火為第一要用。有丙輔助己土，再有癸水透干，為上等格局。

此命局中，有雙丙出干，支上午戌會火局，火重，己土增旺，用月支『申』中壬水做用神。土得金火才能成大器，秋季金旺，強金遇火，可以冶煉成器。此為『土金傷官佩印』的格局。故主貴。

華倫的紫微命格是『武曲、天相』。對宮遷移宮是『破軍』。其財帛宮為『廉貞化忌、天府、文曲、左輔』，這是一個講求安樂享福、保險、保守的命格。

美國聯邦準備理事會於 2009 年調查的薪酬數據，葉倫任職舊金山聯邦準備銀行行長時的年薪為 41 萬美元；但任美國聯邦準備理事會主席的年薪 19 萬 9 千 7 百美元，後來葉倫還是去做這個美國聯邦準備理事會主席的位置。在她的八字中只有『申』中一點壬水，胎元是丁亥（屋上土），也是土。故她會以職位增高做考量。想必在美國的財政繼續惡化之時，也只能腳痛醫腳、頭痛醫頭，不會有太大的方法了，因為她只是技術官僚。

葉倫生於美國紐約布魯克林猶太家庭。1971 年獲耶魯大學經濟學博士學位。1977 年，任職聯準會經濟學家，與喬治•阿克洛夫（此人曾是 2001 年諾貝爾經濟學獎得主及柏克萊加州大學名譽教授）結識。1978 年，兩人結婚。

華爾街消息普遍認葉倫為通貨膨脹的鴿派，與鷹派的前聖路易斯聯邦準備銀行行長威廉．普爾形成強烈對比。

2010 年 10 月 11 日，葉倫於其就任副主席後的首次演說表示，寬鬆的貨幣政策會為過度冒險的金融體系遺留下火種。

由前美國總統比爾•柯林頓提名出任第十八任美國總統經濟顧問委員會主席。2013 年 10 月 9 日，時任美國總統歐巴馬提名葉倫接替伯南克出任聯邦準備理事會主席，2014 年 2 月 3 日就職，成為聯準會成立一百年來首位女性主席。

2020 年 12 月，總統喬•拜登在就任前提名葉倫擔任新一任財政部長。

8 賭王的命格你知道嗎？

賭王的命格你知道嗎？

賭王何鴻燊以98歲高齡過逝了。大家都覺得他的一生很傳奇。但我覺得那是他的命格與上天賦與的資本使然。首先他擁有有波斯、荷蘭、英國、猶太等多重血統，母系亦有英國血統，像這種多重混血的人命格主要是天梁或巨們坐命的人。而正是『巨門坐命』的人，而且生在辛年，有巨門化祿在命宮。對宮遷移宮是太陽化權。有化權的人，鼻子都較挺。在他的命盤上有『辰戌武貪格』。雖有『陽梁昌祿格』，但辛年有文昌化忌。所以他十分聰明，功課好，但不會走學術的路。而且他的爆發運財運在十幾歲就爆發了。由其從他的八字命格更容易看出來。他1921年11月25日出生。

何鴻燊的八字是：

辛酉
己亥
日主　壬辰
丙午

何鴻燊的日主是『壬辰』。『壬辰』是『壬騎龍背』。辰屬龍。在命局中支上要有亥子。則龍可潛入深淵。更要天干有甲庚坐於寅卯之上，龍才會活潑的升騰，有風雲際會的人生。最怕命局支上有『戌』，這是無情的爭戰刑剋。從來都很靈驗。

在他的命局中，生于亥月是『建祿生提月，財官喜透天』。日主壬水的財星是丙火。官星戊土在辰中。因為干上有丙無戊，所以以經商為主。大運從七歲起大運就走戊運、接著是丁運、丙運等財官之運。再加上本身是外國人英語強，又有太陽化權在遷移宮，對男人很有說服力、掌控力。這種種的條件使他致富。至於多妻的問題是八字中年支和日支形成辰酉會局所致。巨門的人很會談戀愛，夫妻宮有太陰。因此戀愛不斷。不過巨門的人也真的很長壽。這輩子他是很值了！

⑨地球上超級精子爭霸戰

地球上超強精子爭霸賽

每屆世足賽都是地球上的大事，幾乎地球為之震動，人類的興奮和熱情也使整個地球升溫和膨脹。一般世人看到的是各國足球明星的高富帥，及美妻嬌兒奢華的生活。像世界排名前10名的足球員年薪：一、梅西（巴塞隆納隊）4000萬歐元；二、內馬爾（巴黎聖日耳曼隊）3600萬歐元；三、C羅（義甲尤文圖斯隊）3000萬歐元，這些錢還要乘以36.2變成台幣，梅西是14億年薪，內馬爾是13億年薪，C羅是10億8000萬年薪。這些人大多都不滿30歲，梅西31歲，內馬爾26歲，C羅33歲，姆巴佩19歲，只有幾個老將比較老，事實上也無法參加下屆世足了。

其實這場世足賽打的是世界精英賽，各國鼎尖拔粹的球員齊集競爭，從我們命理師的角度來看，實是一場『地球上超強精子爭霸賽』。

人為什麼會成功呢？

實源自其命格架構。命格架構好的就必然會成功。命格架構又源自出生時間與受孕時間，所以說這群世界精英也同時是具有世界超強精子而受孕的人，這真是要感謝其父母選對時間受孕。自然他們的榮耀與財富會與家人分享。

世足賽的這些球員也各自有其出生環境，有的窮有的富，克羅埃西的莫德里奇出生生長在戰火之中，巴西有很多球員都幼年貧窮，但是『好的出生時間』就是成功關鍵！

梅西

萊納爾•安德烈斯•「萊奧」•梅西•庫西提尼（Lionel Andrés "Leo" Messi Cuccittini 1987年6月24日），簡稱梅西，生於阿根廷聖塔菲省羅薩里奧，現正效力於法甲俱樂部巴黎聖日耳曼，同時擔任阿根廷國家足球隊隊長，司職邊鋒、前鋒及前腰。他共獲得6座金球獎、6次世界足球先生及6座歐洲金靴獎，3項均為世界記錄。團體獎方面，他共獲得10次西甲聯賽冠軍及4次歐冠冠軍。他一直處於世界足壇的巔峰水準。

梅西的八字：

丁卯
丙午
日主　甲辰
庚午

梅西的日主是『甲辰』。『甲辰』為生長在濕地水旁之松木。喜丙火、庚金為用神。則能發達。倘若水多、土多，則非貧即夭。水土是忌神。

梅西的命局中，是甲木生午月，木性乾枯虛弱，以癸水為第一要用。天干有丙、丁出干，支上有二午，卯辰連起來為代表東方木氣，甲木生旺。以癸水為用神，並用時干上庚金生水。梅西在25歲逢癸運大發。連續有四個好的大運。例如35歲走壬運，45歲走辛運，55歲走庚運。

2019年，根據《富比士》公佈的全球運動員收入排行榜，當時32歲的梅西以年收入1.27億美元，排名第1名。

梅西的紫微命格是『七殺』坐命子宮，對宮遷移宮是『武曲、天府、祿存、右弼』。而且身命同宮，這表示說他的意志力很堅強，自有主見，不容他人擺佈。他有很好的夫妻宮，是『紫微、天相』，2017年他和青梅竹馬的女友結婚了，婚禮盛大。但他們的第一個兒子出生在2012年，第二個小孩出生在2015年。

梅西在11歲時被診斷出了患有荷爾蒙生長激素分泌不足的生長激素缺乏症（也稱侏儒症），但昂貴的費用讓這個貧民窟裡的家庭望而卻步。他的爸爸帶著他遠走他鄉，前往巴塞隆納青訓營。從南往北走，使梅西有了很大的發展。

梅西的老師瓜迪奧拉曾對記者說：「不要去試圖描述梅西，這是不可能完成的任務，認真去欣賞吧。」當梅西成為西甲歷史神射手，哥帥表示：「梅西刷新的這個紀錄是60年來無人能破的，也是600年內無人能超越的。我一點都不誇張。梅西在27歲就取得了如此巨大的成就實在不可思議。」「梅西是最佳，絕對的最佳。不是對其他球員不尊重，包括C羅，但我認為梅西是更高一級的。」

羅納度說：「如果未來梅西地位超越了我，我也完全不會嫉妒他。他是個完美的球員，我非常佩服他的球風，我樂於被他超越。」

球王馬拉度納說：「我已經找到了能繼承我的人，他的名字叫梅西。梅西是個天才，他甚至能變得比我更好。」

小內馬爾

小內馬爾•達席爾瓦•桑托斯（Neymar da Silva Santos J nior，1992年2月5日）是一名巴西足球員，司職左翼鋒及前腰，現時效力法國甲級聯賽巴黎

聖日耳曼及巴西國家足球隊。

內馬爾的八字：

壬申
壬寅
日主　辛亥
壬辰

內馬爾的日主是『辛亥』。『辛亥』為藏在水底的珠玉寶物。最喜歡有寅來合，寅亥相合稱為『撈金用篩』。可使金顯露光芒。倘若有土填水，或又多水的命局，則會形成淤泥而有刑剋。終就是沉淪苦海而又為無用之人。

內馬爾的命局中，是辛金生寅月，辛金為溫潤之金，生於寅月為衰絕失令，性極弱。辛金喜歡有濕泥滋養。用己土生金，可助日主。再用壬水沖刷可顯晶亮。月支寅宮的甲木會洩壬，破己土為病灶。此命局中，有三壬透干，支上申辰會水局，寅亥六合為木局命局中缺己土，為『君辰失勢』。為一特別聰明異途顯達的人。專用『寅』中丙火為用神。在20歲甲運（正財運）時開始大發，30歲丁運（偏財運）更有一波大發的機會，所以在足球界發展賺大錢。接下去40歲走丙運，50歲走丁運。可見在60歲之前都富可敵國。

內馬爾的命局中，年月支寅申相沖，代表祖上窮。但月支與日支寅亥六合，代表與父母感情好。內馬爾覺得他的父親：「我的父親在我小的時候就一直陪伴在我身邊，照顧我的各種事情，我的經濟，我的家庭。」，可見他從小受父親培養。

在內馬爾15歲時，每月薪水是1萬巴西雷亞爾，2013年官方宣布內馬爾加盟巴塞隆納，簽約5年，轉會費為5710萬歐元。2017年的夏天會轉隊，巴黎聖日耳曼買斷內馬爾在巴塞隆納的合約，轉會費為破世界紀錄的2.22億歐元。

內馬爾的紫微命格是『破軍、陀羅』坐命戌宮，對宮遷移宮是『紫微化權、天相、左輔化科』。這表示說：內馬爾從小家窮，他能拼命打拼，在他的環境中創造很大的財富，並且在他的環境中會有很多助利在幫助他。

2020年內馬爾患了新冠病毒，在巴黎聖日耳曼對馬賽的對賽中，爆發衝突，內馬爾並被罰下紅牌。後又辱罵馬賽日籍後衛酒井宏樹為「中國垃圾」。後法國足總不予處罰。

C羅

克里斯蒂亞諾•羅納度•多斯桑托斯•阿維羅（葡萄牙語：Cristiano Ronaldo dos Santos Aveiro，GOIH, ComM，OIC，1985年2月5日—），簡稱C羅，葡萄牙足球運動員，生於葡萄牙大西洋中的馬德拉島豐沙爾，現時效力於英超球隊曼聯，同時擔任葡萄牙國家隊隊長，司職邊鋒、前鋒。目前他共獲得5座金球獎、5次世界足球先生及4座歐洲金靴獎，

C羅的八字：

乙丑
戊寅
日主　乙亥
壬午

C羅的日主是『乙亥』。『乙亥』為寄生他木之植物，死處逢生，有所依附，日主乙亥者，多移枝接木。此命多庶出或晚生之子，骨肉分離刑剋。如有劫星甲木安穩，會有意外的奇遇。

C羅的命局中，是乙木生寅月，『寅』中有甲丙戊，分別是日主乙木的劫星（甲）、正財星（戊）、傷官（丙）。乙木生寅月，正月猶有寒氣，乙木為柔弱的花卉之木，用神取法不離丙（太陽）、癸（雨露）。丙癸都有才為不晴不雨，才好養花植草。

此命格中，有乙、戊出干，不是丙火。支上寅午會火局，代替丙火，又有壬水出干，代替癸水，火多，以印星（壬癸水）制傷（丙火）為用神。壬水為去病之藥。

C羅現在2021年為36歲，大運正在甲運，有助於他的本命日主。接下去51歲前走癸運和壬運，用神得用都是好運，賺錢更多。61歲辛運是官運要小心。

你可以看到每個世足球員的鼻子都很高，克羅埃西的莫德里奇鼻子像刀鋒突起，可知這些人的意志力有多強！自然他們的成功，也是國家的榮耀。這樣強悍的性格當然要得到世界上最好的，這也是這些足球隊員為何要娶選美皇后、超級模特兒、名模為妻為女友，一方面也是名人效應，有名的人要匹配名人，人生地位會增高。但是這些高鼻子的人也不一定能選對人，他們就不能再配高鼻子的配偶了，反而是略低的鼻子的妻子女友會對他們配合度高，也較能忍受他們。就像貝克漢的妻子鼻子很高，二人婚姻岌岌可危，常被報章雜誌報導婚變。

10 好笑的威爾・史密斯

這兩天威爾・史密斯到台灣訪問，他是受李安導演之約到台灣宣傳新片的。臉書上放出他到上海時在飯店中學習太極拳、學寫毛筆字，學做小籠包的直播狀況，十分有趣與好笑！練太極拳也還好，他的名字『威爾・史密斯』幾個字真讓他寫了好久好久……才寫完，才吐一口氣。最後寫『我是大師』幾個字算是輕鬆的了！在做小籠包時折那些褶子，他那像木頭棒的手指真不好使換了，看來他十分愛學習，但用心多吃就好了，其他的就省省吧！

持續被列在《財星》雜誌的「Richest 40」名單中，他沒念過大學，又是黑人，原本社會地位不高，但為何能以歌唱演戲致富呢？就是要以他的八字說起。他的出生日為 1968 年 9 月 25 日。

威爾・史密斯八字是：

戊申

辛酉

日主　戊戌

丙辰

威爾・史密斯日主『戊戌』。『戊戌』是魁罡演武之山，必須要有劫刃，使之得權，再有刃煞、財星、食神、彼此相制相扶，可有富貴。再加他八字中有兩個戊土，有比劫。支上申、酉、戌代表西方，格局很大。再有時干上一個丙字，便能享天大富貴了！

威爾・史密斯小時候走水運並不順暢，目前卻是在大運丙寅運中，下一個大運是丁卯運也好，所以財富仍可積存無限。他家就威爾・史密斯一個人八字好，就造就父母兄弟兒女的富貴了！

11 可憐的落難公主

有一天看新聞，恰巧看到一則新聞：在2021年的6月4日午時（星期五上午11點40分誕生）有一位英國第8位王位繼承人誕生了。她叫莉莉貝，是哈利王子與妻梅根的第二胎女兒。莉莉貝的命格恰如其身份一般。她的紫微命格是『天相』坐命亥宮，對宮遷移宮是『武曲、破軍、天空、地劫』。生了天相的小孩，多半是來擦屁股的，看看之前她父母做的事，與英王室的對立與決裂，不須要擦屁股才怪。最糟的是她的環境，竟是『武曲、破軍、天空、地劫』。表示是窮光光與亂光光的，自然也什麼都看不到了。這樣的環境很慘，可能很少有人在身旁照顧，褓母常不在，也可能耳朵有問題，聽不到什麼聲音。雖然父母宮是天粱廟，好像父母很照顧她。但有一些先天問題，如心臟、肝腎的問題。

她的八字是：

辛丑
癸巳
日主 癸未
戊午

日主是癸未。『癸未』是彎曲河流中的水。最怕命格中火多，是遇而不遇的命格。雖天干上辛金能生癸水，但地支上『巳午未』形成南方方局，戊癸又相合化火。四十歲後一片火炎之勢，生命即終。活40歲很好了！她在33歲上有『火貪格』大發。41歲大運戊戌運土蓋住水而亡。

孕婦在懷孕將生產的時間裡，都不可家中惹是非，否則都將生出不好命的小孩。梅根在生產前安排專訪爆料，其實她想抱怨以得到更多的財富利益，但只有讓自己更顯出沒教養的德行跟壞運。不知道到底是聰明還是笨？

12 想上月球的前澤友作

多年來我也算了許多日本人的命。有些日本人的命還真怪！如這位前澤友作要不是想跟著做電動車的馬斯克一起作太空夢，他在馬斯克深陷風暴之際，力挺好友，宣布成為首位參與 Space X 繞月計畫的乘客。這下子這位日本第 14 位首富總算全世界揚名了。其實這些富豪發跡的狀況也都差不多，都是抓住了一點科技網路和商業的影子而漸漸轉型而成的。

像這位前澤友作的學歷也不高，18 歲時像馬雲一樣到美國繞了一圈開了眼界，因為喜歡音樂，像英國富豪布蘭森一樣高中起就在賣唱片・CD，接著進口唱片・CD，當然就知道通路的效應。在 2001 年 26 歲時，不做賣唱片的相關事業了，改做與時尚有關的網路行銷，ZOZOTOWN 這家網路販賣的公司成為他

的金雞母。最先他也是和亞瑪遜老闆貝佐斯一樣先賣書，再擴張到時尚商品，這主要是因為日本和美國的人口多，都在一億或幾億之上的原故，市場夠大。而且他們也都抓住了關鍵的 2000 年的時刻。

前澤友作是 1975 年生人，現在才 46 歲。

前澤友作的八字也有些奇特。

前澤友作的八字是：

乙卯

丁亥

日主 壬申

甲辰

前澤友作的日主是『壬申』，『壬申』是『水滿渠成，生生不息』。申為壬水長生之地，故生生不息。壬申生在秋天是最佳的時後，或干上有庚來助。富貴極品。在整個命盤中，必須觀察日主前後左右。命局中，倘若有刃的，則用煞做用神。無刃不必用煞，最怕有甲木與戊土來相剋過狠，阻斷了水流。

此命局中，是壬水生於亥月，不旺自旺，因亥中有壬甲，甲木長生，會洩弱壬水。並且年月支上卯亥會木局，又有甲木出干，木旺，要用庚金制木並發水源。但另一方面，日主壬申是『水滿渠成，生生不息』，又生於亥月秋冬之際，日時支上又有申辰會水局，本須戊土來做堤防，但又怕土多阻流，幸好有木來洩弱壬水，不至汪洋不成局。最有趣的是他的月干丁火和日干壬水，丁壬相合，因底下有木局支撐，故相合化木成功。丁火是壬水的財星，木會生火，又在第二柱上，是連環相生相助的，所以他在26歲時找到金雞母開始日進斗金邁向富豪之路。目前他已過40歲走到壬申這一柱的大運了，但因壬申也很旺，所以還可繼續當富豪。不過大家只想知道他2023年去月球後還回不回得來？這一方面要看特斯拉的馬斯克是否月球之旅真能成行？

前澤友作是『紫微化科、破軍』坐命未宮的人，2023年他走『武殺、祿存、天空』運，十分辛苦，不是辛苦身體有後遺症，就是去不成。要是晚一年到龍年去的話，就會有生命危險，因為龍年走『太陽、擎羊』運，對宮又有太陰化忌之故。所以他的月球之旅有些艱難。

13 谷歌的老闆佩吉和布林

Google（谷歌）是總部位於美國加州山景城的跨國科技公司，為 Alphabet Inc.的子公司，業務範圍涵蓋網際網路廣告、網際網路搜尋、雲端運算等領域，開發並提供大量基於網際網路的產品與服務，其主要利潤來自於 AdWords 等廣告服務。Google 由在史丹佛大學攻讀理工博士的賴利・佩吉和謝爾蓋・布林共同建立。

賴利・佩吉

勞倫斯・艾德華・「賴利」・佩吉（Lawrence Edward Larry Page，1973 年 3 月 26 日），美國電腦科學家和網際網路企業家，於 1998 年與謝爾蓋・米哈伊洛維奇・布林（Sergey Mikhaylovich Brin，1973 年 8 月 21 日），一起成立 Google

公司。因此兩人也被稱為「Google Guys」他們創造了世界最大的網路公司 Google，在富比士 2020 年公佈美國 400 富豪榜排名第 9 名，資產達 657 億美元。

賴利・佩吉的八字是：

癸丑
乙卯
日主 辛酉
癸巳

賴利・佩吉的日主是『辛酉』。『辛酉』是珍貴的珠玉。辛祿在酉，故為朝廷的重寶。是非常名貴珍惜的物品。此命格的人，只須有水出干並且要沒有木，沒有火，且無庚沖刑害，就會成為至尊至貴的命格。

賴利・佩吉的命格中，是辛金生於卯月，辛金是衰弱之金，生於二月，時值休囚，若命格中土多則會被土埋沒，也怕火多。只有用庚金相助日主，用壬水洩之，才會成為上等格局。此命局中，有二癸一乙出干，支上巳酉丑會金局，身旺金重，用壬癸水洩金為用神。賴利・佩吉在 17 歲逢癸運時開始走大好運。

25歲創立了Google，27歲走壬運，37歲為辛運，47歲走庚運，連發40年，故為富豪。

賴利‧佩吉的紫微命格是『七殺』坐命戌宮對宮遷移宮是『廉貞、天府』，表示他的環境中就是一個財庫。他有很好的溝通本領，喜歡研究，也愛努力付出，所以會有很大的成就。

他的父親與母親都是電腦科學的教授。雖生長在猶太家庭中，他卻無宗教信仰。佩吉回憶起童年，他的房子「通常是一團糟，電腦，科學技術雜誌和大眾科學雜誌到處都是」。他花了很多時間仔細閱讀書籍和雜誌。他會演奏薩克斯風，並且他覺得「從某種意義上說，我覺得音樂訓練為我帶來了Google的高速發展」。

佩吉為美國密西根大學安娜堡分校的畢業生，擁有理工科學士學位；1996年在史丹福大學中，佩吉遇到了謝爾蓋‧布林。他們在1998年開始合作執行Google。Google以他的專利PageRank為基礎給網頁排名。佩吉是Google搜尋排名演算法PageRank的發明者。2004年，佩吉獲得馬可尼獎。就讀密西根大學時期，他們建造了由樂高組成的噴墨印表機。

按照富比士統計，賴利・佩吉大概有203億美元的財產，使他成為美國第13富有的人以及世界上第20富有的人。

2011年，賴利・佩吉擔任Google的執行長（CEO）。2015年Alphabet成立，後賴利・佩吉出任Alphabet執行長。2019年，賴利・佩吉又卸任了。

謝蓋爾・布林

謝爾蓋・布林的八字是：

	癸丑
	庚申
日主	**己丑**
	丙寅

他的日主是『己丑』。『己丑』是含水量豐富，多膏脂的腴田之土。所能收

或的稻麥農作物也最多。日主己丑的人，最喜歡在命局中有雨露的滋潤還要有太陽的岬照薰陶，其稻穗才會秀麗果實多。若有子丑相沖，丑未相沖，武庫沖開的人，印煞相互得用，可輕易而得文武貴職建立功業。

在謝爾蓋・布林的命格中，是己土生申月，為金神秉令之時，子旺母衰，土氣洩弱。命局中有癸水先透干，丙在時干上後透干，可留名青史，權重一時。因癸庚透干，支上不成局，但癸通根丑，庚通根申，故用丙火作用神。土得火才能成大器。他命格中有3個偏財，所以一定會發富。他在25歲逢丁火運時開始爆發，35歲丙火運用神得用更好。

此命格雖好，主富。但丑申相刑，寅申相沖，只有與妻子相合，與其他家人皆不合。他的紫微命格是『七殺、文曲』坐命午宮，對宮遷移宮為『武曲、天府、鈐星、祿存』。他因為和賴利‧佩吉的紫微命格都是七殺，彼此較瞭解性格，都是苦幹傻幹的個性，也都喜歡創造新的科技技術，來改變人類的新形態生活，因此一起合夥發展理想，建立企業。

謝爾蓋‧布林在其他事業上，名氣甚至可能超越 Google。例如他和賴利‧佩吉藉由 Google 的慈善機構 google.org，企圖解決世界的能源和氣候等問題；並投資可替代能源技術的發展，以尋求更廣泛的可再生能源。2010 年他們投資美國第一座「海上風力發電廠」。

謝爾蓋‧布林是 AmBAR 的一位成員，AmBAR 是一個網路組織，主要成員為在美國使用俄語的商務人士（包括海外國民和移民人士）。

他的妻子是一位生物技術博士，創辦了 23andMe（23 即指人的 23 對染色體），試圖讓每個人都能了解自己的基因。在一次 Google 的時代精神會議上，謝爾蓋提出他希望總有一天人們都能了解自己的基因排序，藉此來幫助醫生、患者、研究人員分析這些數據，來解決身體上的問題。

14 臉書 Facebook 創始人祖克柏

馬克・艾略特・祖克柏（Mark Elliot Zuckerberg，1984 年 5 月 14 日）出生於美國紐約州，Facebook 創始人、董事長兼執行長，同時也是一名軟體設計師。Facebook 是由他和哈佛大學的同學達斯汀・莫斯科維茲・愛德華多・薩維林、克里斯・舒爾茨於 2004 年共同創立，被譽為 Facebook 教主。祖克柏在 2020 年 10 月 22 日的資產首次超越 1,000 億美元大關，資產達到 1,024 億美元，成為全球第四大富豪。

祖克柏的八字：

甲子
己巳
日主　戊申
辛酉

日主是『戊申』。『戊申』為外表披著石頭的土山。須要金水和木氣。水能滋潤它，木氣能疏通它。最忌火土再燥烈，成為石山，為不毛之地。

祖克柏的命局中，是戊土生巳月，巳月中有丙、戊祿，火土同旺。但此命格中有年月干甲己相合不化，因支上無辰或土局。支上有子申會水局，以及巳酉會金局。有辛金出干，為土金傷官，以子中癸水為用神。會以智謀為國家造福。在他的命格中還有子巳相刑，巳申相刑，祖上不富。家道普通。

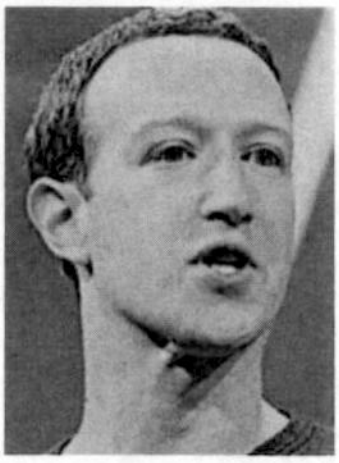

祖克柏在18歲辛運時運氣變好。25歲壬運有偏財運。35歲走癸運是正財運。45歲走甲運，是官運，也會事業運好。

祖克柏的紫微命格是『七殺』坐命申宮，對宮遷移宮是『紫微、天府、祿存』。

正確暴發運（偏財運）的時間是在28歲。龍年走『武貪格』而爆發的。

馬克•祖克柏出生於紐約的猶太裔家庭，他的父親是一位牙醫。母親是精神科醫生。還有一個姐姐。祖克柏很喜歡程式設計，特別是溝通工具與遊戲類。他還開發過名為 ZuckNet 的軟體程式，讓父親可以在家裡和牙醫診所之間訊息交流。這一套系統甚至可視為是後來美國線上（即 AOL）即時通訊軟體的原始版本。

在哈佛時代，Vargas 表示，祖克柏被稱譽為是「程式人」。二年級時他開發出名為 CourseMatch 的程式，這是一個讓學生參考選課的程式。

2004 年，祖克柏發布了"Thefacebook"，但有三人抱怨祖克柏盜竊了他們的想法。後來鬧得很大，祖克柏給予他們 3 億美金的股份（IPO），終於解決糾紛。祖克柏在哈佛念了學期就輟學了。2017 年，他獲得哈佛頒發榮譽法學博士。

在哈佛時期，祖克柏才決心要發起 Facebook，並且獲得室友 Dustin Moskovitz 的支援。搬到加州的帕羅奧圖，他們把一間小房子改成辦公室，後來祖克柏邀約到 Peter Thiel 來投資他的公司。2010 年，祖克柏（26 歲）宣布他的網站會員已經達 5 億人。2014 年，他（30 歲）以 352 億美元進入富比士全球富豪的第 10 大富豪，成為歷史上最年輕世界前 10 大的億萬富豪。

15 韓國三星集團老闆李在鎔

李在鎔（Lee Jae-yong，1968年6月23日），大韓民國企業家，韓國首富，三星集團前會長李健熙之獨子。現任三星集團，三星電子副會長，三星愛寶樂園大股東（持有25.1％），目前為三星集團實際控制人。國立首爾大學校友。

李在鎔的八字是：

戊申
戊午
甲子 日主
庚午

李在鎔的日主是『甲子』。『甲子』為水邊衰退之木。必須干透戊土，支有木庫根基，以丙火做用神。癸水藏支，品格可定。

在李在鎔的命局中是甲木生午月。木性虛弱焦枯，必須先用癸水，再用丁火、庚金。生於大暑之前的人，都是以水為重的。此命局中，甲木坐於『子』上，支上又有『申子會水局』，因此甲木生旺，稱為『支潤木榮』。有雙戊一庚出干，支上有雙午，用『午』中丁火制煞（庚金）。又用庚金劈甲引丁，以達『木火通明』而取貴。仍用子中癸水坐用神。

李在鎔的紫微命格是『廉貞、天相』坐命子宮，對宮遷移宮是『破軍、擎羊、右弼化科』，這表示說他表面一付老實相，但環境險惡，造成他天生很陰險。右弼化科，是有很多不好的事，和不好的幫手來很有方法的幫助他，做陰險的事，所以他會漸漸的比他的父親做更多無恥的事。在他的命格中有3個偏財，是故偏財運很強。每逢龍年、狗年都會爆發偏財運。另外他命格中有2個七殺，所以他會像政治人物那樣心狠手辣及大膽、愛碰運氣。

李在鎔是李健熙獨子，哈佛大學商學院博士班肄業。1991 年加入三星集團。2016 年 10 月進入理事會正式掌握公司決策權。

2016年底，因涉朴槿惠的政治醜聞而被調查。2017年2月17日，李在鎔遭到「親信門」醜聞特別檢查組逮捕，2月28日因行賄和挪用公款等罪名被正式起訴。

判決李在鎔貪腐等罪名成立，刑期5年。

2021年年初，韓國法院認定李在鎔曾賄賂前總統朴槿惠的助手，以獲取政府對三星集團兩子公司合併案的支持，並判宣處李在鎔有期徒刑兩年零六個月。李在鎔當庭被捕。2021年2月，韓國法務部又宣佈李在鎔服刑結束起5年之內不得在三星工作。8月，李在鎔獲假釋出獄。韓國總統文在寅也發表立場，稱決定假釋李在鎔是「基於國家利益的的選擇」，希望國民予以理解。韓國各方團體多次要求假釋李在鎔以「穩定韓國經濟」。韓國政府期待李在鎔在嚴峻危機下，特別是半導體及疫苗領域發揮要角作用。

四、普普眾生的辛勤努力

[1]老年得獎的命格

韓國演員尹汝貞在73歲在奧斯卡以電影 Minari「夢想之地」奪得最佳女配角獎，為亞裔人士爭得光榮，很不容易。還有老年得獎也是不容易的。因為必須大運和年運有貴格，要配合得上。

八字中『丁貴在亥』，所以她在20歲之前就出過名了。其日主是『己巳』，『己巳』是種在山上嶺頭稼穡植物黍稷等所用的土。喜歡高而乾燥，最怕命格中水多，或晴天火炎。而尹汝貞的命格中有丙丁出干，又生在午月，是火極重了。幸而時干之是癸酉，支上有『巳酉會金局』來生水。己土的財星是水，只有在時干上看到，所以她是一生辛苦，賺錢辛苦。老年才有錢。在頒獎典禮上，她說：『要感謝兒子逼她工作！』也卻確實！她的子女運上有財星癸水。時支『酉』更是『玉堂貴人』及『文昌』。財官全在時干支上。她的大運也正逢癸丑運的偏財大運，豈能不發？

尹汝貞的生日是1947年6月19日。

尹汝貞的八字是：

丁亥
丙午
日主　己巳
癸酉

尹汝貞的紫微命格是空宮坐命（有天鉞入宮），對宮是陽梁相照，所以她非常會照顧人，我們在很電視節目中會看到，所以她演好奶奶視非常有說服力的。也非常會煮菜的樣子。但是她的財、官二位都看起來不佳，夫妻宮更差，是『擎羊、鈴星』，所以中年離婚收場。由八字看起來，父母子女都對她好，只有配偶很爛。而且子女宮是『紫微、火星、祿存』，田宅宮是貪狼，表示和房地產無緣。子田二宮形成『火貪格』。表示子女及家人能帶給她爆發財運的機會，但會各忙各的，不常在一起。

2 大谷翔平生日打球

最近是美國大聯盟明星賽最熱鬧的時候。日本棒球員大谷翔平恰巧在7月5日生日，但當天並無擊出全壘打。讓球迷遺憾了一下。沒達到32轟。大谷投打皆入選明星賽是MLB的第一人。可謂技術之好。他的薪水更是大家關心的事。2021/02/09‧歷經生涯最嚴重低潮後，美國職棒洛杉磯天使隊「二刀流」日籍球星大谷翔平身價仍受球隊重視，雙方協議大谷新球季年薪300萬美元（約新台幣8470元）、明年可領550萬美元（約新台幣1.5億元）。當然他仍然不算滿意。

大谷翔平是什麼命格的人呢？為何能賺這麼多錢？他是1994年7月5日生的。

日主『壬水』生於午月，午中有丁、己祿。財官兩旺。壬水在午宮休囚已極，須用印劫（庚癸）生助日主才行。有庚金蓄水源，辰中有癸制丁。支上形成寅午戌會成火局（為財局）。命局中有庚壬兩透干，是有才略及高權位的人。主貴。目前大運正在用神癸運上，大運正旺。

大谷翔平的紫微命格是『破軍化權』坐命辰宮，對宮有『紫微、天相』相照。財帛宮是『七殺』。官祿宮是『貪狼、文昌、左輔』。夫妻宮是『廉貞化祿、祿存』他媽媽爸爸本身大運好、流年、流月及流日好，才能生到他的。

大谷翔平的八字是：

甲戌
庚午
日主　壬辰
壬寅

生於甲年，必有『太陽化忌』，他命盤上的『太陽化忌』在田宅宮。是『太陽化忌、太陰』，子女宮是『陀羅、地劫』。雖然八字命格極好，但房地產會愈來愈少，也易家窮，只是為他人（所屬經紀團隊）賺錢而已。而且易無子。目前他的紫微大運在福德宮是『武曲化科、天府』。大運正好。今年的流年並不佳，正是『陀羅，地劫』，對宮還有太陽化忌相照。流月也在『擎羊、火星』的月份上，所以競爭心特強，但真是要萬分小心了！以防有身體及手足傷的問題。真為他捏把冷汗！

3 可憐的 Rain

在韓國新聞傳出：有一『7旬老翁砸爛 Rain 家門鎖，喊「你爸欠我米錢」』。雖然經過法院處理，判很少的罰金，又加緩刑。但總是重創 Rain 的形象的。何況其妻金泰希正是豪門出生的千金，一生都沒嚐過窮味道的人，要如何來忍耐這種羞辱？

Rain 是 1982 年 6 月 25 日年出生的，和裴勇俊同年，都是壬戌年出生的，有『武曲化忌』，和都有債務纏身的爸爸。

Rain 的八字是：

壬戌
丙午
己卯　日主
戊辰

日主是『己卯』，是休囚、已失氣的土，貧脊多石，沒有養分，無法生長植物。容易未到中年便會心灰意懶，但有丙丁出干會有救。命局中年支和月支形成午戌會火局。己土生於丙午月，火旺土燥，必須有水滋潤，還要有金相生才好。其胎元又是丁酉，用酉中辛金生水。但他的大運好，35歲以後走庚運，之後辛運、壬運、癸運，共有40年好運。他也是在進入庚運後與金泰希結婚的。我想他們一定沒合過八字，否則不會選他了。

Rain 的紫微命格是『破軍』坐命寅宮的人，父母宮是『地劫』。從小生活辛苦。他父親在他小時欠債逃到巴西去，母親獨自辛苦將他養大，高中時母親過世，人生真很淒慘。但他成名有錢後把父親接回，但那些纏繞父親的窮鬼仍時時來騷擾他們，又拿不出借條單據，只是嚷嚷吵鬧，煩不勝煩，這可能也不是金泰希當初在談戀愛時所能預料的吧！這也是 Rain 此生的人生功課。這可能會成為夫妻間吵架的導火線。不過，Rain 很會談戀愛，也很會哄人、說服人，一定會關關難過、關關過的。

Rain 的夫妻宮是『紫微化權、擎羊』。表示配偶權力很大，不好侍候。他得小心翼翼的，不過他的運氣走到財運時，運氣大好，就沒關係了。

4 親愛的 Kobe

前幾日才說到 2020 年庚子年會有很多墜機跟車禍，2020 年 1 月就聽到 NBA 傳奇球星布萊恩・科比（Kobe Bryant）因搭乘的私人直升機墜毀意外身亡的消息，但還沒立春，仍在農曆的丁丑月。卻遇此惡耗。

科比這麼厲害的球星，技術這麼好，成績名氣這麼大，財富也這麼多，集萬千寵愛於一身，命格肯定是好的了！為何天不假天年呢？傷感之餘就探究一下原因。

布萊恩・科比（Kobe Bryant）是 1978 年 8 月 23 日生的，八字是：

他的紫微命格是『七殺、擎羊、鈴星』在午宮。七殺、鈴星都是旺的，擎羊居陷，表示他非常聰明，且有古怪想法，數理也會非常好，且有堅強的決斷力。凡是有擎羊在命宮的人，都特別是重情的人，胳臂肘往內彎，他只要覺得別人對他好，是他這一國的人，便奮不顧身的偏袒了。但陷落的擎羊也會使他陷入正義與人情的游移及傷腦筋之中，不能自拔。有擎羊，睡覺常睡不好。有鈴星，性子急。所以要買直升機代步，這些都是他生命中潛在的刑剋。

科比的八字是：

戊午
庚申
日主　丁巳
癸卯

我們從科比的八字中瞭解到冥冥之中都隱藏著許多玄機。他的日主『丁巳』是星星之火，晴天接觸一點日光，便可以燎原。若逢陰雨日，怎麼也點不燃。所以『丁巳』日的人逢木火運較好，逢金水運、墓庫運皆不吉。他是逢甲子海中金的運程，加巳申相刑剋而亡。

在科比的命局中有三個正財，是故正財旺。有三個傷官，因故會事業終止。其中最大的刑剋就是月支和日支的『巳申相刑』。這也使得他在四十歲的年紀傷亡。也由於這個刑剋我們可看出他的家庭狀況。因為命格多財，又果毅的性格，急於成名，故在17歲時選擇繞過大學籃壇直接進入ＮＢＡ，這個大膽的決定在當時也引起廣泛的爭議。我想他的強勢，是其父親是完全無法勸服的。因為丁火剋申中的庚金之故。

科比的日主『丁巳』,『巳』是配偶之位,也是代表感情的宮位。『巳』中有丙戊祿,但不是丁祿。丙奪丁光,又巳申相刑。科比雖是性格強勢的人,但老婆比他更強勢,或許他是害怕失去擁有的家庭、孩子跟財富吧!他的老婆肯定與他父母不合,但外國人不像中國人婆媳問題摩擦大。科比的感情問題也算是亂七八糟的,老婆曾與他離婚又復合,負面新聞有性侵案,及其妻爆料的與105人有染。但是他的聰明也很讓人懷念,他是公認的鋼琴好手,愛好紅酒。義大利文幾乎算是他的母語,其後是英文。西班牙文也非常精熟,可直接以拉丁語和拉丁裔媒體溝通。

科比的命格其實和台灣的豬哥亮很相似,似乎都是『七殺、擎羊、鈴星』呢!但豬哥亮的偏財多一些,老婆也多一些。科比受刑剋就亂搞了!

如何掌握婚姻運

5 小豬的戀愛危機

小豬羅志祥被女友惡意分手，揚言還要公佈驚爆影片。一下子要替這位渣男說話的人，都成了網軍眾矢之的攻擊對象，而無法睜開雙眼看清事實及真像。若從命理的角度看這事就一目瞭然了！

小豬羅志祥的生日是1979.7.30。

小豬羅志祥的八字前三柱是：

己未
辛未
戊戌　日主

小豬的日主是『戊戌』。『戊戌』是魁罡演武之山，須有劫刃，使之得權。再有煞刃、財星、食神彼此相制相扶財能有富貴。表面上他的命格上是土重、無刃。日主『戊戌』的人性格悶、八字土重無水，像蒸氣鍋一樣要爆炸了，所以要洩，八字中又劫財多，自然女友多，這些女友就是解決他先天性的需『洩』

的本能。還好生於農曆閏六月，已在大暑之後，金水進氣，財星在胎元壬戌，所以有財可支撐這種愛好。清朝有好幾個大官有此病症，但自己會帶合用的女僕，隨時備用。

他的八字中年支、月支都和日支未戌相刑，所以不會結婚，或不長久。要到六十歲以後才會有正常婚姻吧！況且大運進入印星運，未必會被打垮，還有後福。

周揚青生日是 1988.9.12。

周揚青的八字前三柱是：

戊辰
辛酉
日主 庚午

周揚青日主『庚午』。『庚午』是已煉好的金製物品，急須用水淬礪，所以命格剛硬，命局中要有水才行。但八字中年月支辰酉會金局，金重性剛。月支和日支又形成午酉相破，婚姻不美，和長輩、兄弟不和。月支酉是酉刃，凶起來不顧後果。其實她以後也很難找對象。為何九年中不知此人習性，脾氣剛直的她早該鬧了。一定是有所求！今年庚年，助長她的剛硬之氣，傷人傷己，會得不償失。

愷樂的生日是 1983.9.22。

愷樂的八字前三柱是：

癸亥
辛酉
日主　癸丑

愷樂的日主是『癸丑』。『癸丑』是溝渠中含有泥漿的水。氣息鬱悶，一定要用干支乙卯去疏通氣，才能有益處。用甲寅也可乘風破浪而順遂。最喜歡有丑未相沖，怕見子丑相合化土。有戊土透干也不好，戊癸若合而不化的命格，是以利為重的人。

在她的命局中，是癸水生於八月，是『金白水清』的格局。支上丑酉會金局，又有辛金出干，為『體全之象』。以金為體，用水做用神。可成為福德深厚，百事百成的人。

小豬和愷樂性格相投是因為日主戊土和癸水，戊癸相合化火之故。所以小豬的戀愛危機是賽翁失馬焉知非福呀！

現今好像愷樂已經另嫁他人，祝福她也找個日主是戊土的人吧！一生幸福相合。

6 魔神仔和偏財運有關

最近聽說又有老婦人在富源山區，上山種菜被魔神仔困住數天，讓她精力耗竭，家人找很久才找到。

記得我在《偏財運風水大解析》一書中說：台東富源山區也是一個具有『偏財運風水』的地方。以前杜拜的財團就看中此地，想在此開飯店、設賭場，要大規模的開發，後因合作問題擱置。有此可見，君子所見略同！其實，凡是具有『偏財運風水』的地方，就是磁場強、容易中獎，容易有奇運發財，也容易有魔神仔出入。

其實，台灣有很多地方和山區有魔神仔出入，近來有增多的趨勢。例如北部陽明山的擎天崗和華岡文化大學後山地方，都有魔神仔出入。其他如楊梅山區也是有，據說這些魔神仔有些會害人，有些不會。有些會請你吃東西，結果醒來發現是牛糞。中國自古就有山魈鬼魅的傳說，以前我們都當作是山海經或鄉里傳說的故事來聽，但現在這些魔神仔事件變多了，是不是外星人、ＵＦＯ已經氾濫到地球上來抓人了呢？不過這些巧遇魔神仔的人都年紀很大，或偏大，屬於容易精神不濟的人，所以也沒聽說過她們在遇劫歸來會去買樂透中樂透的。既然誤入『偏財運風水』之地，也該試試手氣，因此十分可惜！

如果下次是你遇到魔神仔，千萬要跟他要幾個號碼冥牌，回來也要立即簽牌，別再浪費遊歷『偏財運風水』之地，而空手而回！

7 何等耐心

美國科羅拉多州一名婦女，30年來以同組號碼來簽樂透，2017/9/16日果然中了威力球（Powerball）彩券頭獎，得到1億3320萬美元彩金。

為何30年來簽樂透都以同組號碼來簽牌呢？當然她對這組數字是有信心的，也是特別喜歡的。據說這組數字分別是家人的生日，17是弟弟的生日，24是妹妹的生日，前夫生日是25日，女兒生日是31日，她自己的生日則是18日。

一般人想要有這樣的機運我想真是運氣微乎其微，但這個婦女她有一生最大的偏財運，也就是在67歲時中了這個威力彩。

很多人都用家人生日來簽樂透，辛龍也用老婆生日簽彩券中獎。這可能需要一些條件。首先你自己要有偏財運。第二、你自己和家人的財運也不能太差。家人也要帶財才行。第三、必須堅守買彩券的習慣。現在科學很發達，有無偏財運算個命就知道了，但幾時發、你必須好好研究！或找高端命理師為你精算。人生最高的機會多數人是一生只有一次。有的人有兩、三次。有的人根本一生都沒有過。所以你是哪種人？要不要好好檢驗一下？規劃一下，看看這些數字是否都與你有緣呢？

8 命過不了運，也是壞命

最近外表風光有名的日本演員三浦春馬自殺身亡了。大家都會奇怪在這麼年輕30歲的年紀為何會活不下去了呢？據說感覺寂寞，單親家庭，與母親不睦，又無兄弟姊妹。近兩年來常以酗酒痲痺。十分可憐。

是1990年4月5日生的，八字是：

庚午
庚辰
日主 庚子
丁亥

三浦春馬的日主是『庚子』。『庚子』為倒掛懸吊在空中的鐘磬。鐘裡面是空的，敲起來才會清脆響亮。適合坐於死絕之地上，支有子未相穿、子午相沖的命格，遇到衝擊的運程，則會有名聞四海的聲譽。三浦春馬命格中正有子午相沖，能名揚四海的格局。但他卻等不到了。

三浦春馬的八字格局為『井欄叉格』的破格，因為時干有丁火，不夠純粹。

但三個庚太硬、太冷的命格，支上又有子辰會水局，可洩金氣，使他清亮成名。

但這人的紫微命格是『天機坐命巳宮』，對宮有太陰化忌相照，所以和母親與女性不合。又常有感情問題，也交不到要好的女朋友，他總會嫌棄人家。加上他的身宮又在夫妻宮，所以特別重感情。一定常常暗夜哭泣。小孩與母親不和是最可憐的了！

這隻春天的馬喻意雖好，但他媽媽沒給他生到好時間，也沒給他好環境。為何7歲開始演戲，一直演到30歲？很可能成為媽媽的搖錢樹要養家。目前春馬的大運在走癸運，其實再忍一下就過去了，馬上就會進入甲運，這是庚金的財運。就要大發了，如此真是可惜！

這種命格的人最怕走壬、癸、巳、午等運程。他死得那天正是庚子年、壬午月、壬戌日，我想他是在壬寅時走的。現在的人憂鬱症、躁鬱症很多，還有自稱思覺失調的精神病患者，這些人都是社會的負擔，難道大家不要想一想少生出這種有問題的人類嗎？

如何創造事業運

9 八字太冷惹的禍

韓國偶像歌手SHINee中的鐘鉉輕生自殺了。當時我看到電視上介紹他的歌舞及自殺原因時，他是因為生活太苦，賺不到什麼錢而鑽牛角尖自殺的，也稱憂鬱症的糾纏而躲不過才放棄年輕的生命。看到他自殺的原因，想到他身後伴舞的舞群妹妹，那些人似乎更應該自殺了！所以此事就以命理上來說，都是因命窮而走絕路的。這恐怕不是其父母當初生他時所料想得到的吧？

鐘鉉生於1990年4月8日，八字是：

庚午
庚辰
日主　癸卯
丙辰

日主『癸卯』是山林中的澗水清泉。此日生的人是清高不似流俗，因此本性並不愛賺錢。再加上八字天干上有雙庚，支上有雙辰，癸水是旺的，癸水的財是丙丁火，年支午中有丁火，其次時干上有丙火，但要到七、八十歲的大運才比較有財了。所以他是在十幾歲走午運時進入歌團。此後就比較辛苦。

鐘鉉的紫微命格是空宮坐命子宮，對宮有『天同化科、太陰化忌、文昌、左輔』相照。這表示其遷移宮（外在環境）就是陷落的『天同化科、太陰化忌、文昌、左輔』。文昌在午宮也陷落，表示粗俗的想法與計算能力不好。這很顯然的就是窮命，有左輔會愈幫愈窮。有太陰化忌是情緒控管不好，大多有憂鬱症。鐘鉉的命宮是空宮無主星，靠對宮（遷移宮）的星來助命。同陰的人長得很漂亮慵懶的，很有才華，但不擅理財。今年丁酉年，有火了但丁火是小火，所以他今年賺的錢還很少。況且今年酉年他走『天相陷落、擎羊』運，這是『刑印』格局，可能很多錢都收不到，硬被人吃掉。因為今年的外面環境是『廉貞、破軍、地劫』，所以他死後他的家人會向經紀公司興訟討債。

鐘鉉的自殺格局是『巨火羊』。流年『天相陷落、擎羊』運，三合巳宮有火星。本來『巨火羊』是自殺格局，可見陷落的天相也能助紂為虐。而且是流年、流月、流日、流時皆逢『天相陷落、擎羊』運，真是不得不死了。

鐘鉉的『武貪』格局是『武曲化權、貪狼、鈴星、陀羅、天空』，這看似很棒的雙爆發運格，但有陀羅、天空，就顯得古怪，有時發有時不發。還有，命中財少的人縱然有武曲化權的『武貪』格，得財也無法得大財。沒法得到他想像的多。因此只能說是『美人無美命』了。

10 短命的愛情童話

雙宋（宋慧喬和宋仲基）的世紀婚禮轟動一時，雖然還記憶猶新，但隨即傳來離婚的消息，就像看了一部快轉的電視劇一般的驚訝結局。其實這離婚的速度應更快才對，大概是會計師要結算兩人的財產報稅及分割的關係，以致於擔誤離婚的時間。

這兩人可能只是一時的意亂情迷才想結婚，從宣佈起就後悔了，但不得不演到底。而且應觀眾要求、及經紀公司的利益，而演出世紀婚禮一幕。之後的劇本荒腔走板，也演不下去了，才再宣佈離婚消息。

宋慧喬和宋仲基的命格是分屬兩個派系的人，宋慧喬是『武府』坐命的人，屬於殺破狼格局的人，做事乾脆，算錢精明，錙銖必較。宋仲基是『太陰化忌』坐命的人（生於1985乙丑年），屬於『機月同梁』格局的人，天生喜歡談戀愛，但又有太陰化忌，天生與女人不合，所以戀愛時間短，要趕快換人，否則更難看的事會爆出來。我想婚是女方要結的，男方並不想結，但經紀公司覺得有利可圖，有廣告利益，所以促成。

宋慧喬的八字是：

	辛酉
	己亥
日主	甲辰
	己巳

日主『甲辰』是生長在濕地水旁的松木。生在十月，天寒。干上甲己相合不化，辰酉相合化金是桃花，亥中有壬水及甲木長生，但缺火，故用時支巳中丙火做用神。

宋仲基的八字是：

	乙丑
	乙酉
日主	辛酉
	壬辰

日主『辛酉』為珍貴的珠寶，是名貴珍惜的物品。凡日主為辛酉之人都長

相美麗秀氣，惹人憐愛。局中有雙乙出干是正財，為財多身弱，支上丑酉兩會金局，酉乙相剋，有小聰明小奸詐，辛祿在酉。為『從革格』，亦為『建祿格』。用壬水洗金為用神。此人西北水金運好，木火運不吉。

奇怪的是韓國人很相信結婚合八字，而此二人的八字根本不合。女方要火，男方要金水，背道而馳。宋慧喬的日主甲辰，辰為配偶之位，甲木的財是戊己土，辰中有戊土，雖是偏財也不少。她的配偶應是比她多財之人。老運好，中年運氣也算順遂。

而宋仲基的日主『辛酉』，『酉』是配偶之位。甲木是辛酉的正財，而辛酉是甲木的正官。有的人覺得這是好的，反正女人被男人管是天經地義的事，但是時代不一樣了，兩人思想模式差很遠，女方算得很精，鐵定不會長期吃虧，他五十歲以後走土運火運就悶慘了。所以即時醒悟是好的！

11 假仙的金雞母

桌球金童的愛情神話經過4年結束了！只是這編劇和設計太差，沒有創意。而且傷敵一千，自傷八百。可能得不償失。女方是因為婆婆一句『你是我家的金雞母』，提醒了她不要把財富與男家共享的念頭。其實看看她的八字也會知道事情不是這麼簡單的！

女方福原愛的八字是：

戊辰
壬戌
日主　庚申
辛巳

四柱是一片金水汪洋，全靠戊土一夫當關，萬夫莫敵的止水流。此稱為『獨煞為權』。這樣的八字，她是會有成就的，所以能得奧運等的獎牌，在運動圈有一席地位。她從小在鎂光燈下長大，沒有新聞就十分痛苦。2016年結婚就是沉寂一段時間太無聊，又宣布退休，為了吸人眼球而結婚。為何選此男人為夫？因為好操弄。經過四年的避風港生活，眼看自己這麼會賺錢，已經轉型成功，為何錢要給別人花？

另一方面這男家實在太窮，看他們生活影片，房子的佈置與裝潢。還有台灣中等以上的人家若住南部，在台北也有房子。他們居然5個大人2個小孩擠30坪房，天啊！一年賺2.6億的金雞母不跑才怪？她需要火土運。何況目前正是走大運正好的運氣。這些要離婚的招數早已在計劃之內，雖然會有些自傷，但她覺得媒體和眾人過些時間就會忘掉。以後再嫁個有錢人，就能翻身。小孩會放在台灣養，將來給點錢就能擺平。日本人一向有智謀又假兮兮的，當天大的好運落在你頭上時，實在要想想：自己是不是別人算計的一部分？不過，即使這樣，對一個一生無法賺大錢出大名的人來說，這也是個機會呀！是你要不要跳下去呢？她本身的八字很冷，因此性格也冷。再加上日支與時支巳申相刑，與小孩的緣分淺。年支與月支辰戌相冲，也無祖先的照顧了。

福原愛的紫微命格是『天相、文昌、祿存』坐命巳宮。對宮為『武曲、破軍』。在命格中，本來文昌或文曲與破軍同宮或相照就是窮的格局。所以她從小在中國各地及東北練球住宿舍，不可說不苦不窮，這種窮日子她也過得下。而且最好的大運戊運來臨，又是『鈴貪格』爆發運即將在卯年爆發的時刻，必須即早準備。這一生就看這一次的一擊了！

東京奧運期間，福原愛應電視台邀約獎評桌球。後來接受大陸媒體訪問，她泫淚欲滴的表示：「那時我真的很痛苦。」並激情告白「我可以活到今天，真的是中國人這樣的支持我，真的很感謝他們」。日本媒體「週刊女性 PRIME」將這段訪問內容放在網路上，供給大家觀賞金雞母的演技。可能不久的將來，會有大陸富豪成為她的第二春對象。

如何尋找磁場相合的人

⑫中央銀行地下總裁被抓

有一個新聞非常有趣：『中央銀行地下總裁！抓抓關關 台灣偽鈔祖師爺蘇慶梧告白心路歷程』。故事主角蘇慶梧製造偽幣30多年的印鈔經驗，又多次被抓，但每次被抓後其技術又更加精進。此人一直想賺大錢，又不會儲蓄，反正鈔票是自己印的，隨時都有。現今已經近70歲了，又不知會被判幾年牢了！

我猜想此人是廉貞坐命的人，總不信邪的認為自己比別人聰明，他一直認為「書讀得高不一定有用！」。我們且看他的名字，蘇屬金，慶屬木，梧屬土。就是金剋木，木又剋土的格局。這輩子就這麼刑剋完了，無法翻身。個性愛賭，是八字中偏財及傷官多的格局，一輩子入監獄的時間多，自然家庭也是守不住的。此人一直想賺大錢，也可見命格中正財少或無，可能劫財多，才存不住錢。這人姓名中間一個字『慶』字屬木，表示這人是愛學習的，但他不愛學正規的學問，喜艱冷的旁門左道，因為命格格局不大，所以沒法用讀書爭取高學歷的方法學專門學問。這人若真讓他到中央印製廠的印鈔局工作，他也會做不下去而亂搞。因為命格刑剋太多，老是覺得自己聰明，不想遵從傳統的正道，總想投機取巧來事半功倍，是故現在又要入監，終於可消停一下休息一會兒了。

13 家人間的刑剋關係

最近看電視，看到幾位歌仔戲的有名演員訴說自己的海海人生，有的幼年被逼去工作賺錢。有的作養女，年輕時就被養母以 5000 元賣給人做老婆，從此為夫家賣命賺錢。我們從螢光幕上看到這些出名的歌仔戲演員是多麼的光鮮亮麗與意氣風發，但不知其人背後有這麼多的辛酸血淚。看他們暢談因工作賺錢與子女關係不好，一生辛苦，真是為誰辛苦為誰忙？

從命理的角度來看：這些有名的歌仔戲演員之會出名、會賺大錢、能養家，這是她們的本命格就比她們的家人要強，具有較大的格局，才能出名及賺較多的錢財。而擾亂她們親情的家人可能是由於自卑跟嫉妒，故意在上下輩之間搞關係破壞，以顯示自己的重要性。

通常會被送做養女，已與長輩無緣了，是該人八字上年柱與月柱有沖剋。婚姻不美，是月柱與日柱有沖剋，與子女不親，是日柱與時柱有沖剋。有時候我們明知道有沖剋不和善了，可盡力緩和關係，如果還是無法改善，就知道是沖剋嚴重了，此時要強化自己，把自己照顧好，自己生活愜意，對別人也無怨恨或需求，過一段時間，那些人一定會想來看看你是為何可過得這麼好的？如此便能慢慢改善關係了。如果他們不來，你也照顧他們夠了，也該放寬心了！這是我的一點經驗之談。

14 為子女預約前程

最近的幾個論命 case、都是父母帶小孩來看：未來發展和學什麼科系較適合的事件。大概是指考剛結束吧！有很多問題糾結。

確實是、在剛入大學前要選擇科系、要選擇人生未來的方向之前需要好好考慮清楚！

有一位今年已考上某國立大學牙醫系的同學，想學真正的醫科，想明年重考。正在拿不定主意的時候來算命。這位同學是『太陽化祿』在午宮居旺，日正當中的命格，在男性社會如魚得水，對男性既有說服力，又有攏絡力，他在醫學院一定得師長疼愛提拔，最厲害的是還有完美的『陽梁昌祿』貴格，將來是做部長級以上的大官的命格。當然若只做個小小的牙醫師，未免太大材小用啦！因此我力勸他重考。希望他能走到他的人生正途上，創造他人生發光發亮的高峰。他和他父母聽到了都十分振奮。

另一位則是自認程度很好，自己覺得肯定會上台、清、交等大學的，但在甄選考試好像不理想，我勸他們參加七月的考試，趁今年運氣是『天府運』還可以，是有機會摸上台、清、交的末座的。可是他媽媽居然大叫：難道叫我們再考一次嗎？真讓我無言了！想想也是！考生原本是『陽巨』坐命的人，財、官二宮都是空宮，八字又內含靠人發財生活的內涵，懶得再考也是必然的事。真是命格不同，命運也不一樣啊！

15 財官雙美的條件

最近朋友招待我去聽 The Stylistics 合唱團的演唱會，回來後數天還是餘音繚繞，盤旋不去。這是一支四人唱將都在65歲的費城靈魂歌曲合唱團，他們一直一起唱了50年，只有在年輕時重新組合過，後來就一直沒變，一起創造了許多膾炙人口的歌曲，現在令人津津樂道的就是木村拓哉的那支美髮膠的廣告歌〝You Are Everything〞他們的主唱是具有特殊海豚音的 Russell Thompkins, Jr.先生，那其實是用假音唱出女高音的音域，但十分悅耳。

這支合唱團他們一起唱了50年，世界巡迴演出無數場，他們最常在日本演出，自然也非常瞭解東方歌迷的最愛和興趣，所以他們都唱到歌迷最想聽到的歌，十分敬業。當時我在想：是什麼力量讓他們能維持這麼久的友誼，一起唱了50年呢？你看披頭四、麥克傑克森家族都是合唱團起家，有些還是親兄妹，都成名後各分西東，下場淒慘。

這個 The Stylistics 合唱團的團員都是基督徒，傳播愛的信徒，宗教信仰、性格溫和，命裡還要帶多點財，還要朋友宮好，才能使他們聚在一起50多年。

命裡帶財不多的話，賺一點錢就吵著分錢，自己最能幹都靠自己，想外出獨立，當然演藝命數也不會太長。中外有很多演藝團體就是這麼解散的。什麼樣的朋友宮是好的朋友宮呢？朋友宮中有『天相居旺廟』、『天梁居旺廟』，而且沒有煞星同宮的人就會有此好命了。

朋友宮中有『天相居旺廟』時，朋友和你都是勤勞的福星，你會對朋友常看看他們須要什麼，伸隻手幫幫忙。你的朋友也常來關切你幫忙你，相互來往熱絡。在 The Stylistics 受訪問時，他們就提到年輕未婚時，常彼此幫忙做戀愛顧問，直到結婚。婚後團員彼此家族相處也和樂。當然一定是這樣，否則老婆一鬧你就退團，一生事業也就毀了。想想這50年他們一共賺了多少個億呀？此種財官真不是一般人能承受的！

朋友宮中有『天梁居旺廟』時，表示你的朋友年紀會比你大，很會照顧你，會幫助你教導你，給你資源，幫助你成功。同時你也會照顧後進及年紀輕的朋友，尊敬年長的朋友。

這兩種朋友宮對人意義重大，也會影響人生命運。有福者才能得之。如果有煞星如羊、陀、火、鈴、劫空、化忌同宮，就完全不是那麼回事了。

目前在台灣還知名長壽的樂團有五月天，他們也是十幾歲便一起打拼了，希望他們也能有這個命一起唱到65歲。

16 『風流彩杖格』的威力

在己亥年時，還在陰曆2月就爆發南韓藝人的毒品性關係醜聞案，也爆發出旅館偷拍案，使人對南韓這個國家的印象大打折扣，當然這會使我們想到：他們錢賺多了，就無法無天，風水也該轉了。

另一方面，我也不得不談一下『廉貪陀』之『風流彩杖格』的威力。大家是否還記得：前一個豬年爆發的是陳冠希的緋聞醜案，牽連了一大拖拉庫的女星男星。這一回連南韓的警察首長都牽出了，所以你不得不感嘆此格局的偉大！

『風流彩杖格』主要爆發在寅、申、巳、亥年。其中以巳、亥年較嚴重。主要以『紫微在丑』、『紫微在未』兩個命盤格式的人，在巳、亥年會逢到『廉貪運』，又以丁年、己年、癸年生的人會有陀羅在巳、亥宮出現，會形成此格。而今年又恰逢己年，陀羅在亥，所以在一連串的笨事中爆發出這天理不容的淫亂之事。

現在還在陰曆2月是卯月，陰曆巳月、未月、亥月一定還有更多可爆發出的醜聞，今年的新聞工作者可是夠忙碌的了！

再說，亥年本就是十二地支年的最後一年，亥既是一種結束、完結篇，也是新的草木要冒出頭的時候。所以很多壞事通常在豬年做一個結束，從子年開始新生。所以『風流彩杖格』幫人世間清理污穢的人事物，也未嘗不是一件好事？只是有此格局的人要小心生活，勿入岐途才好！

※有『風流彩杖格』的女性要小心被強暴，今年要謹慎生活！

17 談『主貴』

近來有學生在上課時問：何為『主貴』？能有什麼好處？

一般人聽到『主貴』一說，都認為會做大官或成為地位很高很高的人。當然這也沒錯！還有『富』與『貴』總是連在一起的。有『貴』了，自然『富』就一起來了。但是若認真的考核這兩個字，其實本質上是根本不一樣的。也不該放在一起講。

在命理學上講『主貴』的意思，應該是該人有用、能做事、會做事，能造福人群，有利百姓，自然也會受人擁戴。

在命理學上講『主富』的意思，是本命帶財，能賺取及計算財利，這種能力很大。所以『富』與『貴』的本質意義是不同的，『貴』在付出的意義大一點，『富』在得到收取的意義大一點。

所以常常算命師在看人命格時，若『主富』不足的時候，就說這是『主貴』的命格。而實際上要遇到真正『主貴』的命格是少有的、很難的。除非真正能做大事的人才算。就像　國父孫中山一樣能改變時代的變化才行。

18 潤下格真的要到黃河以北去嗎？

有位朋友留言來問：他是潤下格，別的老師告訴他說要到黃河北邊才好。他來問我是不是？我說：到你家的北邊即可。結果他仍堅信那位老師的話。既然如此，你又為何多此一舉來問呢？

所謂『潤下格』即八字中全是水，即冬天生又是壬癸水命的人。這和『從革格』、『井欄叉格』、『白虎格』等格一樣，都是偏向金水系列的八字。其喜用神也是用金水。其他甲乙丙丁戊己全不能用。所以甲乙丙丁戊己的年份和大運全不好。這種命格生在西方或美國是好的。但出生於台灣為火土之地，則為破格。會貴不足。一生平凡。

到黃河以北，可能有不同的人生，但你說要好，真搞不懂如何好法？我女兒曾去過寧夏銀川，只有城市一塊有建設，其餘大片土地是沙漠，而且西曆十月一日便封城要過冬了！斷絕對外交通，飛機也不飛。一直到第二年三、四月。請問你會去黃河以北嗎？

不要太迷信格局！就像紫微命格的人都很驕傲於自己的帝王命格，這不過是自己爽罷了！從來能做大事業的人都不是紫微坐命的人，雖然他們的心很大，但能有一點小確信他們就生活幸福了！

19 『日主庚申日』的人生勝利組

這次 2020 年的選舉中我發覺一個現象，八字中日主有『庚申』的有三人之多。這三人都有很好的夫妻宮，配偶也會對他大力相助。夫妻感情好。以全世界、全人類來講，通常婚姻運好的人和中樂透有偏財運的人一樣多，大致也佔人口的三分之一。所以也只有三分之一的人，會擁有好的婚姻運與相處甜蜜的戀人及配偶。也可說是他們在人生中一下子就找到『對的』那一半，一下子就找到『真命天女』，不但共組甜蜜家庭，更對自己的事業和人生境界增高有極大幫助。

日主『庚申』的意義是：庚申為已作成的戟劍之物。所以害怕再有火多，會燒壞了。喜有金水會局或有金水在干上，便會劍氣發亮，命格主貴。從八字含用來講，『申』中含用有庚祿、壬水長生，戊土虛浮無用，日干庚金得庚祿和壬水清洗發光發亮，所以對庚金來說是最好的支助。戊土是阻礙無用的東西，虛浮無用最好啦！在八字中，日支『申』也正好是配偶之位，所以『庚申日』出生的人一出生就注定有好配偶了，這樣人生有大半的日子都幸福渡過，不必尋尋覓覓浪費時間。並且有配偶的助力，人生有較高的成就！

『庚申』日主的三個人是韓國瑜、柯P、丁守中。但他們出生的年月不一樣，這並不影響配偶運。像韓國瑜是出生農曆五月的庚申日，夫妻宮是『太陰化祿』，配偶很會理財又溫柔體貼。同時夫妻宮也代表其人內心的想法，所以韓國瑜這次選舉會打溫情牌，以體念民生疾苦為訴求，一舉得勝。況且今年他也正走此流年運，時勢造英雄是必然的趨勢了。

柯P是『破軍、文曲化忌』坐命的人，所以常說錯話。他的夫妻宮是『武曲』，所以老婆很會算帳，性格剛直很衝。他自己內心也很愛錢，常說自己沒錢，是內心窮命的關係。但是否真的沒錢，只有他老婆知道了！

其他配偶運好的日主，都要日干在日支中得祿，或帶財、或相生得旺。例如：乙丑、辛酉、乙卯等等。

20 武曲化祿與武曲化權的差異

有朋友問：武曲化祿不是比武曲化權更好？武曲化權是對『權力』和『錢財』的掌握。武曲化祿是對『錢財』的增進和快速流通，自然在人緣關係上會圓滑。但也必須看武曲處在何宮而定其強度。化祿與化權的強度也會因武曲所在的宮位強度而有所變化。

武曲化祿與武曲化權在辰戌丑未宮是強的居廟。但在丑、未宮會與貪狼同宮，會增加貪狼的意義。例如己年生有『武曲化祿、貪狼化權』，實際上貪狼化權已凌駕武曲化祿之上了。

武曲化權愛管錢，掌握錢。武曲化祿愛生出錢、愛賺錢。武曲化權多與軍警業有關。武曲化祿多與金融業有關。有『武曲化權、破軍』的人，愛管錢，也會花錢，沒人管得了。

剛逝世的郝柏村先生是武曲化祿坐命辰宮的人，對宮有貪狼化權相照。所以能掌權、又能生錢。活到102歲，一生算是功德圓滿了！因為有權祿的加持所以才長壽。通常武曲的人沒有那麼長壽，反而是命格主金，遇火剋容易折損，能有七十歲差不多了。

21 月薪嬌妻要結婚了

這篇是原是在 2019 年 10 月 3 日所寫的文章，當時就傳：新垣結衣要和星野源結婚的消息。沒想到事隔 2 年才真正要結婚，聽說日本股市已要跌了！所代言的任天堂遊戲股票也要跌了，真是『皇上不病，病死太監』。瞎操心了！

很紅的日劇『月薪嬌妻』中的男女主角要結婚了。這在日人的感覺中也許覺得般配，因為男主角星野源看起來老實忠厚保守的樣子，應該是很得未婚女子青睞的長相。但我覺得這兩人看起來並不見得般配，所以想看看他們為何會走到一起去的呢？

其實從紫微命理角度來看：他們是很般配的。女生是太陽坐命亥宮的人，對宮是巨門。星野源是巨門坐命巳宮，對宮是太陽化祿。他們倆互為遷移宮（外在環境），兩人在戲裡戲外都很會演，所以真是打著燈籠找到對方了。

從八字的角度看：星野源的前三柱為庚申、己丑、丙午。日主是丙午，生在隆冬十二月的日麗中天的太陽，自然這太陽光的熱度不會很強，是外冷內熱的狀態。但日支時支合成寅午會火局，所以丙火生旺了。

這兩人都有『武貪格』偏財運格。八字中有都有2個以上的偏財星，所以一定會發的。都在辰戌年爆發，目前也是大運爆發期。才會出大名。

女生新垣結衣的前三柱為戊辰、戊午、丁酉。日主是丁酉，俗稱『有罩官燈』，是有玻璃罩的油燈，也表示有機會用考試晉升之法能主貴，但可惜月支和日支形成『午酉相破』，盡失精華。這也表示她月支雖是日主的丁己祿星，但她也與父母不合的，很早就急著想嫁了，卻一直碰不到好對象。並且在她的八字中有辰酉桃花格局，60歲之前都要小心桃花事件緋聞纏身，所幸她的桃花幫她賺很多工作機會和錢財。因為從現在開始馬上走官運財運的大運，機會不少。而星野源的大運沒那麼好，他今年37歲，之後走甲乙丙丁運的大運，是蔭星運和比肩劫財運，這些就傷腦筋了，到底兩人會不會走到底，就要用時間來證明了！

22 長賜號塞住蘇伊士運河

長榮海運的貨櫃輪「長賜號」（Ever Given），打橫卡在了埃及的蘇伊士運河。導致河道雙向交通受阻，影響全球海上運輸。這艘貨櫃輪的名字叫「長賜號」。乍看很像「長腸號」。很像大腸的『腸』字。實際上卡在運河中，也像腸子便秘了，非常傷腦筋。

當初取名字的時候，一定是希望老天爺長久的給予祝福與生意興隆，但沒想到會有卡住的一天。

長榮海運承租的超大型貨輪「長賜輪（Ever Given）」於2021年3月23日上午7點40分遭遇重大交通事故。時間標的為辛丑、辛卯、庚午、庚辰。天干金重，地支又多不合。「長賜」二字都五行屬金。本來在金水年很順遂的生意很好。但那個時間點真的太硬了，擱淺了一頭栽進土裡，很難自己出來。現在已有挖土機在挖，據專家說：要等28日漲潮時才有可能解困。但28日是乙亥日，納音是「山頭火」，我想真正能脫困可能要到29日丙子日才有可能了，因為「丙子日」納音為「澗下水」，才真正有水能相助脫困。

太好了！丙子日脫困了！

長賜號終於在3月29日丙子日（澗夏水）脫困了！全世界都舒了一口氣！真是太好了！希望那些被堵塞所困的船上生物還仍然活著。

年月日時的干支，是時間的十字標的。同時也隱含著天地間的氣候乾潤濕滑，而由干支所形成的納音五行法，更將干支歸類成五行及五音的形式。所以丙子和丁丑日（30日）是屬於澗下水的日子。這樣有利於潮水的幫忙，能使船漂浮起來。但仍要小心接下來2天是土日了，戊寅（3/31）、己卯（4/1）是城頭土日，又會有些不順。因為土會蓋住水嘛！長賜號真的不如改名，否則這種造成堵塞便秘的情況還是會發生。況且它又是常走非洲阿拉伯等地屬土的地方，必定是相剋的。

㉓日本防衛廳的武器魔女東原亞希

東原・亜希（1982年11月11日）原本是日本藝人，模特兒，深夜格鬥節目的主持人。因為她有死亡筆記本的功能，最近連日本防衛廳都要用她來對抗中國大陸的『殺器』。並認為她是日本第八大非自然能力的傳奇人物。

東原 亜希的八字是：

壬戌
辛亥
日主 戊戌
戊午

東原・亜希的日主是『戊戌』。『戊戌』是魁罡演武之山，須有劫刃，使之得權。再有煞刃、財星、食神彼此相制相扶財能有富貴。命局中忌有辰戌相沖，或四柱干支上下水多，稱為『背水陣』而不吉。

在她的命局中，是戊土生亥月，亥月為冬季，水旺秉令，土為濕土。此為偏財格。有壬出干，也有另一個戊土出干，支上午戌兩會火局。戊土溫暖也很札實，用亥中甲木疏土，以壬水財星做用神。『戊戌』是魁罡演武之山，所以此人原本就個性凶悍的。剛強無比。

東原的紫微命格是『破軍、文昌』。對宮遷移宮有『紫微化權、天相、文曲、陀羅』。東原的外表還長得算美麗。鼻子也很挺，表示個性很強，**但她為何會自曝其短，大肆張揚自己屬於衰命一族呢？**

其實她是壬年生人，本命『破軍、文昌』，就是個窮命。日本的藝人討生活很不容易，尤其二、三流的演員或模特兒，都無所不用其極的誇大演出。當她發覺這樣能搏新聞版面時，就啥都能幹了。

東原亞希曾爆料自己的衰事很多。例如：

● 她曾在賽馬場簽某匹名駒，但牠卻36場連敗。後來勾選三匹馬，出賽時都骨折。再買名馬，被她寫出，那些馬都得流感。有一個連續20年的賽馬節目，請她去主持，結果節目就倒了。

● 2008年她結婚，和柔道選手井上康生結婚，在帝國飯店請客，結果帝國飯店發生火災。而井上康生也退出奧運選手界。

● 消費者金融的Dic的CM廣告片造型，結果全部連鎖店都倒閉。

●算命師細木數子在節目中說：「因為你是攝取別人的運氣的女人所以要當心」。結果細木的節目和全體人員退出，節目倒了。

●東原說中國的股票很紅很好賺，結果股票就垮了。

●做鳥人競賽節目的主持人，突然有刮起的暴風事故，把演出台刮倒了。

●藤原紀香與陣內智則夫妻參加東原亜紀的結婚式，結果就離婚了。

●她說：熊貓會棄養小孩嗎？第二天早上，上野動物園剛出生7天的小熊貓死了。

●2012年東原去鶴崗八幡神宮看千年神樹，那是銀杏樹，並與之合影。第二天樹倒了。東原的力量連神宮都無法制止。

●她談花王公司的食用油減肥很好，結果被查出致癌物質，全面回收下架。

東原亞希的影響力，族繁不及備載。據說就連日本防衛廳，都要用她來對抗中國大陸的『殺器』。但是她的部落格至今也只是一個有四個小孩的媽媽，在努力賣些小東西或嬰兒食品來賺點小錢。那些詛咒和衰事，只不過剛好碰巧罷了。至於受傷和敗北，只不過是窮命時所受的艱辛而已。

結語

在這本《世界名人命理奇事》中，我寫了這麼多人的命格，絕大多數是世界精英的命格。原本想探究這些成功人士的優良基因，但最後我得出一個感想。這些人之所以會成功必有其原因，和環境的造化，以及其個人應對環境的思考能力。在這些精英中，有些是和家人不合，而向外發展。尤其是政治界的精英常是如此。他們在八字上的刑剋特別多。有些是從小就有環境培養他的科技頭腦，或培養他的賺錢模式（如巴菲特），因此能發明程式或買賣成鉅富。

當然這本書中也寫了幾個窮的例子。有人窮到一死了之，窮到把自己當衰運炮彈，可以成為武器。這也是另類找出名路子的方法。我也分析了其中的時間關鍵問題。

二十一世紀是個光怪陸離的世紀，也會是個人類相互爭鬥的世紀。不過可以看出這些精英人士、掌握世紀的人士，大多是學歷很高，對於新知識、新觀念很容易接受與學習，更能夠舉一反三的人。所以他們才能創造超大型的產業，或當國家領導人。

我的一位名畫家老師，曾告誡我們『要多看美的、好的東西，才會有高的審美觀和價值觀。』我想這是很對的！我想藉這本書傳達給讀者的是：多瞭解精英的命格，你也能成為精英！要不然就讓你的兒子或女兒當精英吧！